V. Böhmert

Der Sozialismus und die Arbeiter-Frage

V. Böhmert

Der Sozialismus und die Arbeiter-Frage

ISBN/EAN: 9783743453487

Hergestellt in Europa, USA, Kanada, Australien, Japan

Cover: Foto ©Suzi / pixelio.de

Manufactured and distributed by brebook publishing software (www.brebook.com)

V. Böhmert

Der Sozialismus und die Arbeiter-Frage

Der Sozialismus

und

die Arbeiter-Frage.

Von

Dr. Victor Böhmert,

Professor am eidgenössischen Polytechnikum und an der Hochschule in Zürich.

Zürich.
Schabelitz'sche Buchhandlung (Cäsar Schmidt).
1872.

Meinem Vater

Karl Friedrich Böhmert,

früher Pfarrer in Roßwein in Sachsen,

jetzt Pastor emeritus in Dresden.

·

in Liebe und Dankbarkeit

gewidmet.

Vorrede.

Die Schrift, welche ich hiermit dem Publikum übergebe, ist die weitere Ausführung eines Vortrages über den Gegenstand und die Arbeiterfrage, welchen ich am 14. März 1872 auf Einladung der Wesenberg-Stiftung in Wiesensbach zu Konstanz gehalten habe. Ich hatte damals versprochen, meinen Vortrag der Konstanzer Zeitung zum Druck zu übergeben, überzeugte mich jedoch bald, daß ich in der brennenden wirthschaftlichen Frage der Gegenwart dem größeren Publikum meiner deutschen Heimath kein bloßes Gerippe meiner freihändlerischen Ansichten bieten darf, da die meisten jüngeren Lehrer der Volkswirthschaft an den deutschen Hochschulen sich plötzlich zu ganz anderen Grundsätzen bekennen und in öffentlichen Versammlungen und Kammern Deutschlands sowie in angesehenen Organen der deutschen Presse von einer „Krisis der deutschen Volkswirthschaftslehre" sprechen und eine „neue wissenschaftliche Richtung in der sozialen Frage" entdecken.

Es widerstrebt mir, irgend eine persönliche Polemik mit Collegen anzuknüpfen, welche ich wegen ihrer Forschungen und Verdienste auf andern Gebieten unserer Wissenschaft hochschätze, allein ich bekenne mich in der Sache selbst gerade jetzt um so entschiedener zu der britischen volkswirthschaftlichen Schule, deren Grundsätze im Anfang unseres Jahrhunderts zuerst durch Professor Kraus von Königsberg aus der deutschen Jugend vorgetragen wurden und eine Regeneration des preußischen Staates anbahnten und später besonders in Rau länger als ein Menschenalter hindurch ihren eifrigen Vertreter fanden, während mein hochverehrter Lehrer Prof. Roscher durch seine „geschichtliche oder physiologische Methode“ die wirthschaftlichen Beobachtungen in so eminenter Weise erweitert, vertieft und bereichert hat und jeden Volkswirth mit einer seltenen Fülle von Material und von den Gründen „für oder wider“ versieht, um die principielle Entscheidung über brennende Tagesfragen selbst zu fassen. Ich verdanke Roscher nicht nur die erste Anleitung zum ökonomischen Denken und Arbeiten, sondern auch eine fortgesetzte Förderung in meiner bisherigen Laufbahn und Richtung, wofür ich wohl den schon 1857 im Anfang der Gewerbefreiheitsagitation von Roscher mir ertheilten Rath anführen darf: „daß es gerade jetzt in der Praxis gewiß mehr Noth thue, auf die Regel der Handelsfreiheit als auf die Ausnahmen den Accent zu legen.“ Ich würde diese persönlichen Bemerkungen lieber unterdrückt haben, wenn nicht jene Schule jüngerer deutscher Dozenten ohne Weiteres Roscher zu ihrer Richtung zählte, während derselbe nach seiner ganzen Natur und Methode den wissenschaftlichen Parteiungen und öffentlichen Demonstrationen abgeneigt ist.

Die Grundsätze des Freihandels haben gerade in Deutschland während der beiden letzten Jahrzehnte, gefördert durch Theorie und Praxis, unter der Mitwirkung des volkswirthschaftlichen Kongresses, der Volksvertretungen und der deutschen Presse einen Siegeslauf ohne Gleichen vollendet und bilden die unerschütterliche reale Grundlage der neuen Reichs-Gesetzgebung. Es gilt, diese volkswirthschaftlichen Grundsätze nunmehr auch im Volksbewußtsein zu befestigen und die Massen an die mit den neuen Freiheiten verbundenen

Pflichten zu gewöhnen, gleichzeitig aber davor zu warnen, den neuen Staat mit einer directen Lösung der socialen Frage zu behelligen.

Wer von den Aufgaben des Staats und den Wirkungen seiner Zwangsmittel in der socialen Frage bescheiden denkt, muß um aber an die freiwillige Privat- und Vereinsthätigkeit der zunächst Betheiligten und der gesammten Gesellschaft um so höhere Anforderungen stellen. Von diesem Standpunkte aus habe ich mich bemüht, einestheils die theoretischen Angriffe auf die deutsche freihändlerische Schule und auf die moderne Entwicklung der Eigenthums- und Vermögens-Verhältnisse zurückzuweisen und anderntheils die zahlreichen praktischen Mittel und Versuche zur Lösung der Arbeiterfrage zu erörtern.

Diese Schrift soll endlich auch als vorbereitender Bericht für die im August oder September d. J. stattfindenden Verhandlungen des deutschen Protestantentages über die sociale Frage dienen. Man hatte mich im September vor. J. in Darmstadt ohne mein Wissen und Zuthun zum Correferenten über diese Frage erwählt. Ich habe diese Wahl jedoch erst im April d. J. angenommen, nachdem ich dem Ausschuß des Protestantentages in Heidelberg meine freihändlerischen Grundsätze entwickelt hatte, wonach ich die Arbeiterfrage als keine specifisch-christliche, sondern als eine allgemein humane weltbürgerliche Angelegenheit ansehe, an deren Lösung alle Religionen und Konfessionen ohne Unterschied mitwirken müssen, indem sie die Kraft religiöser Ueberzeugungen und überhaupt alle sittlichen Potenzen für die Milderung der socialen Uebelstände in Bewegung setzen. In diesem Sinne habe ich „die Aufgaben der Kirche in der Arbeiterfrage" in einem besonderen Abschnitte zu betrachten gesucht.

Ich widme diese Schrift meinem Vater, der mir schon in früher Jugend das erste Verständniß über die socialen Aufgaben eines Geistlichen eröffnet hat, indem er in seiner Pfarrgemeinde, meiner Vaterstadt Roßwein in Sachsen, schon in den dreißiger Jahren die ersten Kranken- und Unterstützungskassen gründete, eine

Sonntagsschule und Leben auf, hielt seine Gemeinde mit gutem Erfolg und ließ ihn in Settlements ... den Bezug an jüdischen Gemeindewesen ... und dem ... Bezüge ... und überhaupt in allen gemeinnützigen Bestrebungen den rechten ... Mit Sorgen ... Amtsthätigkeit wissen, daß er durch diese Sorge für Volksbildung und durch praktische Uebung der ... auch seinem Beruf als Prediger und Seelsorger am Besten diente.

Zürich im Juni 1872.

Fischer Wildmark.

Inhaltsverzeichnis.

Druckfehler,
welche man vor dem Lesen der Schrift zu berichtigen bittet.

S. 24 Z. 7 v. u. lies Wittwaber statt Wittwenwber
S. 39 Z. 13 v. u. lies Name statt Nayre.
S. 44 Z. 13 und 14 v. u. lies Futterweizen und Gerstigen statt Fu-
    terklelle und Gelsgen.
S. 64 Z. 7 v. u. lies die Zeit des.
S. 67. Z. 9 v. u. lies angelangt statt gelangt.
S. 66 Z. 13 v. u. lies Gerthe statt Herrds.
S. 72. Z. 3 v. u. lies gewesen statt gewefasen.
S. 79 Z. 13 v. u. lies enthält statt enthált.
S. 91 Z. 14 v. u. lies: 1871 statt 1861.
S. 91. Z. 3 v. u. lies 1870 statt 1860.
S. 133. Z. 10 v. u. lies' Verhandlung statt Verbgelung.
S. 153. Z. 13 v. u. lies: der betreffenlichen Zunahme statt der betreffen-
    lichen Zunahme.

————————

I. Der Sozialismus in den verschiedenen Zeiten und Ländern.

I.

Die soziale Lage der unteren Klassen im Alterthum, im Mittelalter und in der Neuzeit.

Die Gegenwart zeigt uns ein so gewaltiges, selbstbewußtes und wohlorganisiertes Ringen der unteren Klassen nach Verbesserung ihrer sozialen Zustände und zugleich so emporstrebende und doch friedliche Kampfmittel wie noch keine frühere Epoche der Weltgeschichte. Es haben schon bei den Alten am Ausgange des sinkenden Griechenthums seit Plato und in der untergehenden römischen Republik seit den Gracchen kommunistische und sozialistische Bewegungen stattgefunden und das neuere Westeuropa hat in der Zeit nach der Reformation und nach der französischen Revolution tiefgehende soziale Erschütterungen durchgemacht. Aber der Arbeiterstand, in welchem es heute gährt, ist himmelweit verschieden von denjenigen Bevölkerungsklassen, welche in jenen Zeiten die gesellschaftliche Ordnung über den Haufen werfen wollten, und die heutigen öffentlichen Zustände lassen sich mit denjenigen jener früheren Epochen ebensowenig vergleichen. Dem Alterthum fehlte die Basis des modernen Wirtschaftslebens, die Anerkennung der freien Persönlichkeit aller Menschen und die freie Arbeit, an deren Stelle früher die Zwangsarbeit von Sklaven und Kriegsgefangenen vorherrschend war. Die größere Hälfte der damals lebenden Menschheit wurde als rechtlos und nur eine Sache betrachtet. Die Kulturvölker des Alterthums konnten wegen der mit dieser sozialen Institution zusammenhängenden Verachtung der gewerblichen Lohnarbeiten und weil ihr Reichseinkünfte zum größeren Theile nicht aus Arbeit, sondern aus Eroberung, Raub und Tributen herkommt, nach ihren Staatswerken nicht die dauerhafte Stütze eines

1

nicht unten entstanden, sondern von oben herabgestiegen ist, und
daß die ganze moderne Gesellschaft an dem Uebel leidet, welches man
gewöhnlich nur dem Arbeiter aufbürdet. Die Menschheit hat sich seit
der Ausbreitung des Christenthums großer Rückfälle in periodische
Unthätigkeit der Mitmenschen schuldig gemacht und begann erst
seit kurzer Zeit wieder, einer ihrer wichtigsten Aufgaben, der Verbesserung der sozialen Lage der untern Klassen, nachdrücklich auf einer
Basis, die allein zum Ziele führen kann, zu lösen: nämlich durch
bessere innere Gesinnung und durch ausgedehnten Communismus. Wo
es den Individuen und der Gesellschaft an dieser Gesinnung und Gewissenhaftigkeit fehlt, werden auch die besten Staatsverfassungen und
Gesetze und die vorzüglichsten gemeinschaftlichen Schöpfungen den
ärmeren Volksklassen nichts helfen. Allein die gesetzliche Anerkennung der angebornen Menschenrechte der freien Persönlichkeit
und der freien Arbeit ist allerdings eine Vorbedingung für die
Lösung der sozialen Frage.

Diese Vorbedingung ist in den meisten europäischen Staaten
erst in unserm Jahrhundert und theilweise sogar erst im letzten
Menschenalter erfüllt worden. Das Mittelalter vermochte sich trotz
aller christlichen Ideen noch nicht zu einer vorurtheilslosen Anerkennung der Ehre der Arbeit und jeder nützlichen Thätigkeit em-
porzuschwingen. In der feudalen Staats- und Gesellschaftsordnung
war nicht der Mensch als solcher anerkannt und berechtigt, sondern
der Stand, dem er angehörte, und der von vornherein große Unterschiede in sich barg. Adel und Geistlichkeit bildeten bevorzugte Stände,
welche die unteren Klassen mehr oder weniger überall ausbeuteten.
Die Kaufleute und Handwerker vereinigten sich daher ebenfalls zu
geschlossenen Korporationen und Zünften, in denen sich eine gleich
große Empfindlichkeit für Standesehre, Berufsgenossen und Gericht
zur Ausschließung der niedriger stehenden „unzünftigen" Arbeiter
entwickelte.

Mitten in der Blüthezeit dieses Ständewesens brach eine neue
Zeit herein. Die Erfindung des Schießpulvers versetzte dem Adel
und Ritterthum, als dem glücklich geborenen und privilegirten Kriegerstande,
den Todesstoß. Die Erfindung der Buchdruckerkunst entthronte
die Geistlichkeit als Inhaberin der Wissenschaft und Bildung. Die
Entdeckung einer neuen Welt eröffnete Millionen von Armen und
Verfolgten Raum und Freiheit zum Schaffen und die Reformation
stählte wieder die erschlaffte religiöse Energie in beiden Konfessionen. Aber das Zeitalter der Reformation brachte noch keine

gesetzliche Garantien der allgemeinen Menschenrechte. Damals bildete die Agrar-Frage den Hauptinhalt der sozialen Frage und einen Hauptgrund der Bauernkriege. Erst 300 Jahre später wurden im Zeitalter der Aufklärung neue Gesichtspunkte und wirtschaftliche Theorien über Bürgerrechte und soziale Grundrechte aufgestellt und in der Republik der vereinigten Staaten — später nur mit Beschränkung auf die weiße Bevölkerung — auch durchgeführt. Die Franzosen haben jedoch für ihr Land einen Teil der sozialen Frage in ihrer ersten Revolution schließlich mit gelöst, indem sie dem Bauernstand, der die weitaus größere Hälfte der französischen Bevölkerung, emanzipierten und eine gewisse Verteilung des Grundbesitzes auf dem Wege der Gesetzgebung einleiteten. Die andern europäischen Staaten sind dem Beispiele gefolgt, indem sie die Leibeigenschaft, die Schuntertänigkeit, Freizügigkeitsbarkeit, die Erbgebuntsrechte und andere Privilegien des Großgrundbesitzes samt zahlreiche bäuerliche Lasten und Beschränkungen der Verfügungsfreiheit über den Grund und Boden beseitigten, so daß jetzt Millionen kleiner freier Bauern von der Ost- und Nordsee bis zu den Alpen und Pyrenäen auf ihrer eigenen Scholle sitzen, bereit mit ihren Dreschflegeln und Heugabeln alle diejenigen Mitglieder des internationalen Arbeiterbundes zurückzuweisen, welche etwa geneigt sein möchten, die auf dem Kongresse der Internationalen in Basel beschlossene Verwandlung des Einzelbesitzes an Grund und Boden in Kollektivbesitz zu verwirklichen und uns in Zustände zurückzuführen, welche das alte deutsche Sprichwort mit dem Grundworte „Schwabigen — Verdammigen" charakterisiert.

Heutzutage ist es nicht mehr vorwiegend der unbewegliche Besitz, sondern noch in weit höherem Grade der unglücke bewegliche Besitz und der durch Handel, Industrie und persönliche Dienstleistungen angesammelte Reichtum, welcher den Neid der unteren Klassen erregt und uns neue Auflagen und Formen des sog. Sozialismus geschaffen hat.

- - -

2.

Die verschiedenen Richtungen und praktischen Versuche des Sozialismus.

Das Wort „Sozialismus" bezeichnet sehr verschiedene Richtungen des Denkens und Handelns. Im allgemeinen ist es der Inbegriff derjenigen Systeme und Pläne, welche die offenbaren Unvollkommen-

Nach meiner Ansicht wird die ohnehin schon so verworrene soziale Frage nur noch mehr verdunkelt, wenn man die Worte „sozialistisch" und „sozial" als gleichbedeutend brauchen und alle sozialen Reformer schlechthin mit zu den Sozialisten rechnen will; denn würden in erster Linie Männer wie A. Smith und Cobden und Bright, die im letzten Jahrhundert mit am meisten zur Umgestaltung und Verbesserung der sozialen Zustände beigetragen haben, gewiß auch mit zu den Sozialisten gehören, obwohl die äußerste Rechte der Sozialisten in gewisser Art gerade besonders scharf gegen die smithsche Schule und das sogenannte Manchestertum zu Felde zieht.

Wir müssen daher unbedingt andere Unterscheidungsmerkmale als das Verlangen nach sozialen Reformen aufsuchen und werden vielleicht der Wahrheit am nächsten kommen, wenn wir im Allgemeinen das Verlangen nach gesellschaftlichem oder staatlichem Zwang gegenüber dem Einzelnen, ferner die Aufhebung des Grundsatzes der freien Konkurrenz und eine gewisse Gegnerschaft gegen das Kapital und gegen die Vermögensungleichheiten als ein gemeinsames Kriterium für alle Sozialisten hinstellen.

Dieser allgemeine Rahmen umfaßt immer noch sehr verschiedene Richtungen edler und unedler Art. Der edle Sozialismus entlehnt der Lehre Christi und seiner Geringschätzung irdischer Güter, sowie dem Beispiel der ersten christlichen Gemeinde seine schärfsten Waffen. Die erste christliche Gemeinde zu Jerusalem bietet uns in der That den Anblick einer Güter- und Brudergemeinschaft, wo die Ungleichheit des Besitzes sich in brüderlicher und werkthätiger Liebe aufhob. Es heißt von den Gliedern dieser Gemeinde: „Und es war ihnen Alles gemein."

Wie dort, so kann überall eine Gütergemeinschaft unter innig verbundenen Gliedern durch religiöse Begeisterung eine Zeitlang aufrecht erhalten werden.

Man darf jedoch — wie Roscher treffend bemerkt — bei der von den Sozialisten so viel gepriesenen Gütergemeinschaft der ersten Christen zu Jerusalem nicht vergessen, „daß dies nur eine Gemeinschaft des Gebrauchs, nicht des Eigentums und durchaus eine Bethätigung der freien Liebe, keine Pflicht und am allerwenigsten ein Recht war, welches die Armen in Anspruch genommen hätten."

Man muß ferner bedenken, daß die christliche Lehre in einer Zeit der Unterdrückung der Völker durch die römische Weltherrschaft in einem Volke entstand, dessen edlere Gemüther unter dem Druck der Fremdherrschaft vielleicht allein aufrecht erhalten werden konnten durch eine Gesinnung, welche die äußeren Werthe der Welt gleichgiltig behandelt, um eine innere Kräftigung der Menschheit anzubahnen. Wer in den Beruf einer großen Idee treten will, darf natürlich sein Herz nicht an äußere Güter hängen. Aber eine solche Weltverachtung und Geringschätzung des Vermögens wird immer nur wenigen hervorragenden Geistern eigenthümlich sein.

Es läßt sich auf ein solches Prinzip keine staatliche oder gesellschaftliche Ordnung für eine Ueberzahl von Durchschnittsmenschen und theilweise sehr begehrlichen Elementen gründen. Das Christenthum ist auch weit entfernt, die Verschiedenheit der Vermögensverhältnisse und den Erwerb des Reichthums anzufechten; es hat vielmehr in seinem Prinzip der Persönlichkeit die tiefste Begründung des Eigenthums aufgestellt und verlangt nur, daß der erworbene Mammon höheren Lebenszwecken dienstbar gemacht werde. Christus selbst hat in dem berühmten Gleichnisse von den anvertrauten Pfunden und in der Nutzanwendung „Wer da hat, dem wird gegeben!" nur eine reale Erfahrung des Erwerbslebens bestätigt und ein tiefberechtigtes wirthschaftliches Gesetz ausgesprochen. Wer im Konkurrenzkampfe um die Güter des Lebens das Meiste geleistet hat, verdient auch das Meiste. Der erste Erwerb ist immer der mühsamste. Je mehr einer hat, desto leichter wird ihm der Mehrerwerb, desto größer werden seine Unternehmungen und sein Kredit.

Wie mit den materiellen Gütern verhält es sich auch mit den geistigen Gütern. Der schwach Begabte bleibt bei den Anfangsgründen der Erkenntniß stehen, während der Talentvollere rasch fortschreitet und immer neue Gesichtspunkte glücklich zu verwerthen vermag.

Wer es einmal verstanden hat, sich bei seinen Mitbürgern in Achtung zu setzen und ein gewisses Maaß öffentlichen Vertrauens zu erwerben, dem fallen bald von selbst Gunstbezeugungen, Ehrenstellen und Aemter zu, um welche sich andere vergeblich bewerben.

Wer da hat, dem wird gegeben! Obwohl die Gaben des Reichthums, des Talents und öffentlichen Vertrauens nicht immer dem Würdigsten zufallen, so wird doch in der Regel derjenige der Welt am meisten nützen, welcher von seinem Besitze wirklich Gebrauch macht, nicht bloß um ihn zu genießen, sondern um damit noch mehr zu erwerben, und darum ist es ganz in der Ordnung daß dem faulen und ungetreuen Knechte das Pfund, welches er vergraben hat, abgenommen werde, damit es in den geschickteren Händen Früchte für die Gesammtheit bringe.

Im Geiste des Christenthums liegt keine unthätige Weltflucht, sondern frisches Eingreifen in den Weltkampf der arbeitenden Menschheit. Der Eigenthumserwerb ist schon deshalb ein moralisches Gebot, weil werkthätige Liebe und Beglückung Anderer dadurch erst ermöglicht wird. Übrigens hat die Gemeinschaft des Gütergebrauchs eine schwere Armenoth der Jerusalemer Gemeinde bewirkt, so daß der Heidenapostel Paulus fast überall für sie sammeln ließ, ohne in irgend einer andern christlichen Gemeinde ein ähnliches Institut zu begründen.

Bei der Verbreitung des Christenthums hat das Beispiel der Jerusalemer Gemeinde keine weitere Nachahmung gefunden, bis wir an der Schwelle des Mittelalters wieder einer kommunistischen Lebensordnung bei den Mönchsorden begegnen, welche durch die Gelübde der Armuth, der Keuschheit und des Gehorsams selbstsüchtige Regungen unterdrücken wollten, um Geist und Gemüth ganz auf höhere Ziele hinzulenken. Allein die religiös-sittliche Energie erschlaffte sehr bald. Mit dem wachsenden Reichthum der Klöster verweltlichte auch das Klosterleben.

Das Reformationszeitalter zeigt uns wieder eine Vermischung religiöser und sozialer Ideen und eine tiefgehende soziale Bewegung, welche mit den Bauernkriegen ihren Anfang nahm und mit der Hinrichtung der Münsterer Wiedertäufer ihr Ende erreichte. Die ersten Forderungen der Bauern, welche in den 12 schwäbischen Artikeln niedergelegt waren, enthielten durchaus kein sozialistisches, sondern nur ein gemäßigtes sozial-politisches Programm. Erst mit der weitern Verbreitung des Aufruhrs und seiner Gräuel wurde nach und nach zum Unterschied von den ähnlichen Erscheinungen des Alterthums und des Mittelalters zum ersten Male nicht blos eine neue Vertheilung der Güter, sondern prinzipielle Abschaffung des Privateigenthums hier und da gewaltsam angestrebt. Die grausame Niedermetzelung der Proletarier des sechzehnten Jahrhunderts befestigte auch zugleich den Fortbestand der alten Unfreiheit und bedrückenden Belastung des Bauernstandes.

Aber die Sehnsucht nach besseren sozialen Zuständen ließ sich nicht mit Gewalt unterdrücken. Diese Sehnsucht war schon vor den Bauernkriegen durch eine im Jahre 1516 erschienene Schrift unter dem Titel „Utopia" mächtig entzündet worden. Der Verfasser schildert in diesem Staatsroman die Einrichtung einer Insel Utopien, die jenseits Amerika mitten im Weltmeere gelegen einen demokratischen Bundesstaat bildet, wo es kein Eigenthum giebt, aber Jeder ohne

Aufnahme erhalten muß, wo eine aus den Städten und Landgemeinden frei gewählte Regierung Arbeit und Genuß vertheilt, wo die Abwechslung von landwirthschaftlichen und gewerblichen Berufsarten als Reizmittel zur Erzielung höherer Leistungen dient, wo Alle bei nur sechsstündiger täglicher Arbeit herrlich und in Freuden leben, wo Heiligkeit der Ehe, Reinheit des Familienlebens, gemeinsames Arbeiten und Genießen jedem Einzelnen ein hohes Maß von Glück sichern.

Der Verfasser dieser Schilderung, welche ein Muster für alle Staatsromane geworden ist, war kein geringerer als der englische Staatsmann Thomas Morus, Kanzler Heinrichs VIII., welcher später für seinen katholischen Glauben das Schaffot bestieg und als würdiger Vorläufer des modernen Sozialismus gelten kann.

Während Morus und zahlreiche andere Schriftsteller nach ihm ihre jedenfalls freilich gemeinten Weltverbesserungspläne nur auf das Papier hinwarfen, haben verschiedene von den ersten Ansiedlern Nordamerikas, von religiöser Begeisterung getrieben, die praktische Verwirklichung versucht. So hatten, wie Reichel berichtet, die ersten Ansiedler in Massachusetts während der ersten 7 Jahre Gütergemeinschaft, doch ließ sich das System überall nur kurze Zeit durchführen und eine wirthschaftliche Blüthe der betreffenden Ansiedelungen trat erst nach Einführung des Privateigenthums ein. „Als die ersten virginischen Ansiedler im Jahre 1611 das System der gemeinsamen Arbeit und joint-stock-company verließen, wurde fortan in einem Tage soviel gethan, wie früher in einer Woche, oder drei Arbeiter leisteten soviel wie früher dreißig."

Selbst in Neuengland war unter jenen arbeitsgewohnten Menschen, die um des Glaubens willen so große Opfer gebracht, mit der Gütergemeinschaft fast ununterbrochene Hungersnoth verbunden, was sich nach Bancroft (Geschichte der Vereinigten Staaten) erst änderte, als man 1623 Privateigenthum und 1634 Erbrecht eingeführt hatte. „Schließlich erging es der Sekte der Herrnhuter zu Bethlehem, in Pennsylvanien, die von 1742—1762 Gütergemeinschaft hatten, dieselbe aber aufhoben, als die Zahl der Bekenner zu groß geworden war."

3.

Der Sozialismus in Frankreich.

(St. Simon. Charles Fourier. Louis Blanc. Die Arbeiter von 1848 und die Kommune von 1871.)

Der neuere Sozialismus, welcher hauptsächlich aus Frankreich stammt, hat wiederum an christliche Grundideen angeknüpft und die göttliche Bestimmung des Menschen in einer neuen Gesellschaftsordnung zu erforschen gesucht. Er kam zu dem Grundsatz einer Beglückung und Erlösung des Menschengeschlechts durch die Arbeit und strebte aus einem blos wissenschaftlichen Systeme zu einer neuen Religion zu werden.

Der Franzose St. Simon hat diesen Anschauungen einen tieferen Ausdruck in seinem Werk „Nouveau Christianisme“ gegeben, wenn er mit tiefem Blick in die Verweltlichung und in die Einseitigkeiten der katholischen und protestantischen Kirche hineinschaut. Gewiß tragen beide Kirchen durch Ueberschätzung des dogmatischen Elements bei praktischer Hintansetzung des rein christlichen Prinzips der Nächstenliebe einen großen Theil der Schuld am Rückfall der Zeit in heidnische Verachtung und Ausbeutung der Nebenmenschen. Die Kirchenobern suchen zu herrschen anstatt zu dienen. Man klammert sich in der Kirche an todten Buchstabenglauben und um äußerliche Parteischablonen, anstatt sich im lebendigen Glauben, in Toleranz, Demuth und Werken des Gemeinsinns zu üben. Ueber solchem Parteigezänk droht die Kirche selbst und mit ihr die soziale Ordnung zu zerfallen. Es ist daher begreiflich, daß St. Simon die hergebrachten Worte und Formeln einer verweltlichten Kirche mit einer neuen Kraft der Menschenliebe zu vertauschen suchte. Obwohl sein „neues Christenthum“ auch nur in einer verschwommenen Brüderlichkeit bestand, so ging er dabei doch von durchaus idealen Gesichtspunkten aus und hat daher auch begeisterte Schüler hinterlassen, unter denen mehrere die Irrthümer des Meisters überwunden haben und nach Abklärung ihrer Ideen durch das praktische Leben tüchtige Volkswirthe geworden sind. Der bedeutendste derselben ist der weltberühmte Freihändler Michel Chevalier, welcher schon seit einem Menschenalter das ethische Moment in der Volkswirthschaft betont und diejenigen Zwangssozialisten Lügen straft, welche diese ethische Auffassung als eine neue Erfindung ihrer Schule bezeichnen und dieselbe der vielgeschmähten Manchesterschule absprechen wollen.

Charles Fourier, der zweite bedeutendste Vertreter des modernen Sozialismus, hat trotz seiner vorwiegend unternehmerischen Richtung, welche ihn u. A. auch zur Sprengung der Familie, zu einem System „freier Liebe" und anderen phantastischen Vorschlägen trieb, doch ebenfalls nicht zu unterschätzende Verdienste für die Sozialwissenschaft. Fourier gehört mit zu den ersten, welche das Prinzip der Vergesellschaftung (in der d'association) systematisch als neues Ideal für ein schöneres, fröhlicheres und harmonischeres Arbeiten und Zusammenleben der Menschen hinstellten. Sein erstes Prinzip war die Vereinigung einer gewissen Anzahl von Familien, aus etwa 1800—2000 Personen bestehend, in sog. Phalanstéren und die gemeinschaftliche Führung der Hauswirtschaften. Das zweite Prinzip war der gemeinschaftliche Betrieb der landwirtschaftlichen, häuslichen und industriellen Arbeiten und die Verteilung der Gewinne nach den drei industriellen Faktoren Kapital, Arbeit und Talent. Und sein drittes Prinzip war die Annehmlichkeit der Arbeit, welche durch Verteilung der Arbeiter in Gruppen oder Serien, die sich alle zwei Stunden ablösten, erreicht werden und eine große Anzahl von Arbeiten verrichten soll, deren Ausführung durch das Hülfsmittel der Arbeitsteilung außerordentlich erleichtert werde.

Fourier sucht die Arbeit an und für sich als eine Bestimmung des menschlichen Gliedes, als eine Befriedigung der menschlichen Neigung, als ein Ziel der menschlichen Bestrebung zu erfassen. Sein System enthält bereits eine rechtschaffene Anordnung des Großbetriebes. Das Wohnungswesen, eine Hauptaufgabe der Verbesserung unserer noch so mangelhaften wirtschaftlichen Zustände und überhaupt das ganze Wirtschaftswesen hat durch Fourier die fruchtbarste Anregung erhalten.

Als dritte Hauptvertreter der französischen Sozialisten ist noch Louis Blanc zu nennen, welcher hauptsächlich verlangt, daß der Staat dem Arbeiter Kapital verschaffe, Arbeit zuteile, die Industrie organisiere und dem gerechten Lohn gewähre. Seit Louis Blanc ist der Ausdruck „Organisation der Arbeit" eines der beliebtesten sozialistischen Schlagwörter geworden.

Louis Blanc kam im Jahre 1848 als Mitglied der provisorischen Regierung in die verantwortliche Lage, seine Theorien verwirklichen zu sollen. Die provisorische Regierung hatte das Recht auf Arbeit, die glühende Forderung jener Tage, bewilligt und mußte sich zur Gewährung von Nationalwerkstätten entschließen, wo die feiernden Arbeiter, deren Zahl bis zum Juni 1848 auf einen

119,000 gestiegen war, meist nur mit nutzlosen Nivellirungsarbeiten oder gar nicht beschäftigt wurden.

Louis Blanc hat zwar das Mißlingen der Nationalwerkstätten nicht verschuldet, aber es gelang ihm auch nicht, etwas Besseres an ihre Stelle zu setzen und sich im Mitbesitze der Staatsgewalt auch als praktischer Organisator der Industrie zu bewähren. Er hat wie mancher andere Sozialist gut kritisirt, aber schlecht construirt. Die Ereignisse gingen rasch über Louis Blanc's theoretische Pläne hinweg ihren unerbittlichen Gang, bis Cavaignac die rothe Republik im Straßenkampfe niederkartätschen machte.

Die Junitage von 1848 waren der erste Akt des blutigen socialen Dramas, welches Frankreich seinen vielen politischen Revolutionen folgen ließ. Den zweiten Akt bildeten die Greuelscenen der Pariser Kommune vom Mai 1871.

Obwohl die Kommune unter den Nachwirkungen der vorhergegangenen politischen Umwälzung, der kriegerischen Erregung und des monatelangen Müßigganges der Arbeiter entstanden ist, so waren doch die kommunistischen und sozialistischen Pläne das treibende Element der ganzen Bewegung. Die politische Entwicklung Frankreichs hat seit Jahrhunderten die Richtung nach dem Kommunismus eingeschlagen, weil man daselbst von jeher mit dem Staate Götzendienst getrieben und das Gesetzgebungs- und Besteuerungsrecht zu Gunsten des gerade herrschenden Standes gemißbraucht hat.

Die eine Klassenherrschaft hat in Frankreich die andere abgelöst. Der Adels- und Priesterherrschaft folgte die Herrschaft des dritten Standes, der sog. bourgeoisie, welcher man nun einen sog. „*vierten Stand*" schroff gegenüberstellt. Man rechnet dazu die Lohnarbeiter in den Fabriken, sowie die Müßiggänger und Proletarier der großen Städte, welche auch einmal im Herrschen an die Reihe kommen wollen. Klassenherrschaft bedeutet aber in Frankreich vor Allem Ausbeutung des Staats zur eigenen Bereicherung.

Der französische Geist strebt vorwiegend nach *Gleichheit*, was in revolutionären Zeiten soviel bedeutet, wie nach gleichem Antheil an der Beute und an der Unterdrückung. Weit geringer ist dort das Streben nach *Freiheit*, d. h. nach ungehemmter persönlicher Entwicklung, nach Selbstverwaltung und zunehmender Einschränkung der Rolle des Staates auf die schlechthin nothwendigen Aufgaben, wie dies bei den germanischen Völkern der herrschende Zug ist

4.

Der Socialismus in England.

(Robert Owen. Die praktische Richtung der englischen Arbeiterbewegung und
der Gewerkvereine.)

Die sociale Bewegung hat in England und Amerika, in Deutschland und der Schweiz einen ganz anderen Verlauf genommen, der weniger gewaltthätig und gefährlich ist und aus der Lösung näher bringt, während man in Frankreich auch jetzt wiederum durch das Verbot der internationalen Arbeiterassociation die so heilsame öffentliche Kritik des Eigenthumsrechts und der hohen Concentration verhindert und alle Unzufriedenen und Zweifler an der Vortrefflichkeit der öffentlichen Zustände Frankreichs in die geheimen Clubs hineintreibt, anstatt durch Freiheit, Bildung und Selbstverwaltung die Massen aufzuklären.

In England hat die moderne Industrie weit früher zu einer Massenansammlung von Arbeitern geführt. Die Unterschiede zwischen Reich und Arm, die Uebermacht des Capitals haben sich dort weit schroffer entwickelt, als auf dem europäischen Continent; es hat sich auch unter den zahlreichen Fabrik- und Grubenarbeitern Englands früher als in Frankreich ein Standesbewußtsein ausgebildet, aber die arbeitende Bevölkerung Englands hat sich doch niemals so tief und weit in communistische Theorien verloren. Der gesunde Menschenverstand und bürgerliche Instincte regten dagegen und suchte sich in praktischer Weise durch eine gesteigerte organisirte Vereinsthätigkeit selbst zu helfen.

Der englische Fabrikant Robert Owen, den man gewöhnlich auch mit zu den Socialisten zählt, war anfänglich nichts als ein praktischer Menschenfreund, welcher in den ersten Jahrzehnten unseres Jahrhunderts als großer Baumwollspinner seine Arbeiter durch gutes Beispiel, gegenseitige Aufmunterung, vernünftig geregelte Umgebung, durch Errichtung von Unterrichtsanstalten, Sparcassen, Vorrathslagern, durch Anlegung von Fabrikschulen, durch Verkürzung der Arbeitszeit und durch unerschöpfliches persönliches Wohlwollen ihrer elenden Lage zu entreißen suchte und dadurch auch wirklich eine rasch aufblühende Fabrikcolonie in New-Lanark in Schottland schuf, die in ganz Europa bewundert wurde.

Erst später kam R. Owen, bestärkt durch seine Erfolge, auf die Idee als theoretischer und praktischer Reformator des gesellschaftlichen Elends aufzutreten; allein die absolute kommunistische Gemeinde Neu-Harmonie, welche er in Nordamerika nach seinen Grundsätzen und auf seine Kosten errichtete, lockte nur wenige phantastische Glieder, aber viele Arme und Abenteurer. Bald trat Mangel an Kapital, dann Unordnung und endlich Auflösung aller Bande ein.

Ganz ähnlich ging es später der von dem französischen Communisten Cabet in Amerika gegründeten sog. ikarischen Kolonie.

Als R. Owen den gesunden englischen Weg des Reformirens im Anknüpfen an das Gegebene und des praktischen Schaffens auf den bestehenden unbestrittenen Grundlagen verlassen hatte, gerieth er auf Abwege und verlor, auch zurückgekehrt nach England, allen Boden unter der Arbeiterbevölkerung.

Die englischen Arbeiter erwarteten von R. Owen's sozialistischen Reformen kein Heil mehr und lernten vielmehr in sich selbst, in ihrer Selbsthilfe, in ihren Konsum- und Produktiv-Associationen, namentlich aber in den Gewerkvereinen, den trades unions, d. i. in „den Arbeiterverbindungen zur Sicherung der günstigsten Lohnbedingungen" und in den dadurch hervorgerufenen Arbeitseinstellungen die wirksamsten Mittel zur Verbesserung ihrer Lage erkennen.

Die soziale Frage ist durch die Engländer auf den realen Boden des friedlichen Interessenkampfes zwischen Arbeitern und Unternehmern um einen möglichst hohen Antheil an dem Ertrage der Gesammtarbeit zurückgeführt worden und tritt jetzt vorwiegend als sog. Arbeiterfrage auf, wobei man gewöhnlich nur an das Loos der besonders zahlreichen unbemittelten Arbeiter denkt.

Es mag uns daher von vornherein zur Beruhigung gereichen, daß die Arbeiterfrage nicht etwa in armen Ländern mit Hungerlöhnen, wie in Rußland oder der Türkei, in Galizien oder Mähren, sondern in dem reichsten Lande mit den höchsten Löhnen und auch dort bei den am besten bezahlten und intelligentesten Arbeiterklassen entstanden ist. Friedliche Arbeiterbewegungen sind daher Symptome des größeren Kulturfortschrittes und vorhandener größerer Kapitalansammlung in Arbeiterhänden.

Die englischen Arbeiter erkannten in dem Ringen nach Verbesserung ihrer Lage sehr richtig, daß sie nicht ihr Verhältniß zur Gesellschaft und zum Staate, sondern zunächst ihre Stellung zu den Unternehmern ins Auge fassen und da den Hebel der Reform ansetzen müßten. Sie empfanden es täglich, daß der Arbeiter im Streite mit dem Kapitalisten über die Lohnbedingungen nicht auf gleichem Boden steht.

weil der Kapitalist Vorräthe besitzt, um zu warten, während der Arbeiter aus Mangel an Vorräthen zu einem Verlangsabschlusse gedrängt wird und mithin als der Schwächere besteht. Die Arbeiter beschlossen, zur Abhilfe dieser Schwäche das Princip der Versicherung auch auf die Arbeitslosigkeit und auf das Warten auf Arbeit anzuwenden. Sie schufen sich aus ihren Ersparnissen eine Gewerkskasse, um auch zeitweilig leben zu können, ohne zu arbeiten. Gestützt auf diese Kasse traten sie nunmehr dem Unternehmer verlangt entgegen, um im Kampfe um den Arbeitslohn nicht immer den Kürzeren ziehen zu müssen.

Von da an konnte der einseitige Wille des Herrn in Streitigkeiten zwischen Arbeit und Kapital nicht mehr allein entscheiden. Jetzt erst wurde ein regulärer Kampf möglich. Das zweischneidige Mittel der Arbeitseinstellungen trat als ein mitbestimmender Faktor in den freien Konkurrenzkampf.

Diese Gewerkvereine haben auch Einrichtungen für weitere Zwecke getroffen, als z. B. Unterstützungen, Versicherungen von Werkzeug, Bibliotheken, Leseräume, doch das sind nur unwesentliche Beigaben. Das Hauptziel der Gewerkvereine ist, die Rechte und Ansprüche der Arbeiter gegen die Fabrikanten zu vertreten und in jeder Weise das Interesse der Erzeuger zu sichern. Die Gewerkvereine sind Kampfgenossenschaften der Arbeit gegen das Kapital. Von den verschiedenen Maßregeln zur Erreichung dieser Zwecke sind noch zu erwähnen. 1) Zeitweilige Veröffentlichungen über den Stand des Gewerbes an verschiedenen Orten. 2) Verzeichnisse über unbeschäftigte Arbeiter und über Nachfragen der Fabrikanten. 3) Unterstützung für wandernde Arbeiter und für Auswanderung. 4) Festsetzung der Erlernungszahl im Gewerbe. 5) Unterstützung der Arbeiter im Widerstand gegen die Arbeitgeber. 6) Festsetzen der Arbeitsstunden und Entwerfung der Geschäftsregeln und 7) Leitung der Arbeitseinstellungen.

Um die nöthigen Mittel zur Erreichung dieser Zwecke zu erhalten wird von jedem Mitglied ein Beitrag, meist wöchentlich, erhoben, der sich nach den Umständen richtet.

Das ist in Kurzem die Beschaffenheit der Gewerkvereine nach ihrer jetzigen Verfassung, in der sie auch vollständig vom Handelsgesetz anerkannt sind. — Der zahlreichste und mächtigste aller Gewerkvereine, der sog. Vereinigte Gesellschaft der Maschinenbauer, hatte nach dem Bericht für das Jahr 1870 34,711 Mitglieder in 234 Zweigen und verwendete während eines 20jährigen Bestehens schon nahezu 900,000 Pfd.

Die Ausbildung der Gewerkvereine zu einer imposanten Macht von jetzt ca. 800,000 Zahlmitgliedern und die damit zusammenhängende Geschichte der Strikes oder Arbeitseinstellungen bildet eines der interessantesten und lehrreichsten Blätter in der Geschichte der modernen Industrie. Man muß daher Respekt gewinnen vor der mannhaften Zähigkeit und Ausdauer des englischen Arbeiterstandes. Noch im vorigen Jahre haben an 7000 Maschinenbauer zu Newcastle am Tyne vom 27. Mai bis 11. Oktober 1871 gestrikt und schließlich dadurch den Neunstundenarbeitstag errungen mit der Bereitwilligkeit, je nach Bedarfsfall mit Ueberzeit zu arbeiten, wenn eine wesentliche Lohnerhöhung liegt. Beide Theile waren sich nach hartnäckiger Vertheidigung ihres Standpunktes entgegengekommen und hatten sich schließlich dem Vorschlag eines Schiedsrichters gefügt. Als der bekannte Industrielle William Armstrong im Namen der vereinigten Fabrikanten das Schriftstück mit der Vereinbarung dem Ausschusse des Arbeiterstandes überreichte, drückte er seine vollständige Befriedigung mit der Vereinbarung aus und fügte hinzu: „daß nun hoffentlich der Kampf und alle daher entstandene Verbitterung ein für alle Mal vorbei und vergessen sein möge. Es sei ein harter Strauß gewesen und nun er zu Ende sei, schätze man sich nur gegenseitig um so mehr." Aehnlich äußerte sich der Vertreter der Arbeiter. Ueberall am Tyne wurde die Entscheidung freudig begrüßt und durch Beflaggung der Straßen gefeiert. — Der zu Newcastle von den Arbeitern errungene Erfolg hat gleichzeitig den Anstoß zu einer allgemeinen Bewegung für die neunstündige Arbeitszeit unter den Arbeitern Englands u. fast allen Gewerken gegeben.

Die Gewerkvereine haben trotz mancher Ausschreitungen und vieler Niederlagen doch zur Hebung des Arbeiterstandes viel beigetragen. Als ihr letztes Endziel sollte allerdings nicht der Kampf und Angriff, sondern die Ausgleichung und der Frieden zwischen Arbeit und Kapital hingestellt werden; aber sie haben auch in dieser Richtung schon gewirkt und das Inslebentreten von Schiedsgerichten veranlaßt, welche die Arbeitseinstellungen mit ihren erbitternden Störungen schließlich ganz überflüssig machen werden. Wenn dann die Gewerkvereine ihre Organisation und ihr Kapital, statt zum Kampf zu productiven Zwecken und zur Bildung von Erwerbsgenossenschaften ꝛc. verwenden, so werden wir der Lösung der Arbeiterfrage immer näher kommen.

Construction wird allerdings der Kampf noch noch eine Zeit lang die Lösung werden.

Der Staat hat in England, unter den jeweiligen Bedürfnissen und gerade vorliegenden jammergerichtlichen Beschwerden entsprechend, namentlich der Schutz von Kindern und Frauen und die Sorge für Gesundheit und für Versicherungen gegen Unfälle zum Gegenstande vieler Spezialgesetze gemacht; aber er hat sich nicht, in die Vertragsverhältnisse der Erwachsenen eingemischt. — Weder die Regierung noch der englische Arbeiterstand als solcher haben bisher ernstlich die Einführung eines Normalarbeitstages, oder eines Versicherungszwanges oder sonstigerlei Anordnung von Gewerbeertheilung oder Staatsvorschrift zu Produktions-Operationen oder zwangsmäßige Erhöhung des Arbeitslohnes durch den Arbeitsring gefordert.

Diese und andere Forderungen werden vornehmlich von deutschen Socialisten erhoben, welche in ihrer Hinneigung zu deutscher Organisation und Reglementirung der Gewerbearbeiten noch vielfach von französischen Ideen angesteckt scheinen, wenn die frühere Verwenderung französischen Wesens und französischer Brutalität und Gleichgültigmacherei, sowie die in Deutschland so eingedrungenen französischen Schlagworte und politischen oder socialen Verblendungs-Schablonen viel beigetragen haben. — Es muß jedoch dabei zugleich bemerkt werden, daß der deutsche Arbeiterstand als solcher sich weniger an die Theorie lehnt, sondern ebenso wie der englische Arbeiterstand durch Bildung von Gewerbevereinen und anderen Genossenschaften sich selbst zu helfen sucht.

3.

Der Socialismus in Deutschland.

a) Karl Marx und die internationale Arbeiterassociation.

Der deutsche Socialismus entlehnt seine Hauptwaffen zur Kampf... in Bremen und an der Spitze den Schriften von Karl Marx, welcher sich als der unsichtbare Papst der Socialdemagogie und der von ihm begründeten internationalen Arbeiterassociation geriet.

Karl Marx hat im Jahr 1867 ein dickes Buch unter dem Titel: „Das Kapital, Kritik der politischen Oekonomie" herausgegeben, welches ihm auf verschiedenen deutschen Arbeitercongressen in Hamburg und Nürnberg von Leuten, die doch alle Autorität verachten, als die eigentliche Arbeiterbibel gefeiert und empfohlen worden ist.

Dieses ganze Buch ist eine große Anklageschrift gegen das Kapital und entwickelt besonders die Lehre von der sog. Accumulation des Kapitals, als der Hauptursache des Proletariats. Nach Marx ist in der sog. kapitalistischen Produktionsweise der wahre Quelle jener Uebelstände zu suchen, die auch eine Arbeiterfrage geschaffen haben.

Marx betont den Unterschied des stehenden und variablen Kapitals, der übrigens auch von der klassischen Oekonomie von Ad. Smith an bis auf den heutigen Tag zur Geltung angewinnen wird. Er behauptet nun, daß das stehende Kapital, welches in bestspavenden Maschinen angelegt wird, beständig und auf allen Stufen der Produktion vermehrt und so dabei gesorgt werde, daß immer nur ein Theil des der Industrie zuströmenden Kapitals in Arbeitslöhnen angelegt werden muß. Die plötzliche Einführung großer mechanischer Verbesserungen macht regelmäßig eine große Anzahl von Arbeitern momentan brotlos, dadurch entsteht eine „industrielle Reservearmee" oder eine Ueberschußbevölkerung (Surpluspopulation, wie Marx sich ausdrückt). Während sich der Gewinn des Kapitalisten durch Anwendung von Maschinen vermehre, sehe sich der Arbeiter genöthigt, seine Arbeitskraft niedriger zu verwerthen. Aehnlich wirken Handelskrisen, welche eine Anzahl fleißiger Arbeiter aufs Pflaster werfen.

Die moderne Industrie erhalte sich nun nach Marx hauptsächlich aus der durch Maschinenverbesserungen und Krisen ausgestoßenen Ueberschußbevölkerung und ihr Gewicht hindert den Stamm der dauernd beschäftigten Arbeiter, seine Ansprüche zu steigern. Die Reserve-Armee der Industrie richte weder an den größeren Begehr nach Arbeitern und während sich der Gewinn des Kapitalisten häufe, sehe sich der Arbeiter genöthigt, seine Arbeitskraft niedriger zu verwerthen." „Die ganze Bewegungsform der modernen Industrie entsteht — nach Marx — aus der beständigen Verwandlung eines Theils der Arbeiterbevölkerung in unbeschäftigte oder halbbeschäftigte Hände."

Das sog. allgemeine Gesetz der kapitalistischen Accumulation culminirt in der Behauptung von Marx auf S. 600 seines Werkes „Accumulation des Kapitals ist also Vermehrung des Proletariats."

Dies Alles sucht Marx auf 784 Seiten mit einer ihm eigenthümlichen schwerfälligen Terminologie und Hegelscher Dialektik zu beweisen. Sein Buch ist ein mühsam künstlich angelegtes Schraubwerk und schriftstellerischer Schwerarbeit, welche sich in den Schleier Heglers und deutscher Schriftsteller zu hüllen sucht. Die ganze griechische, assyrische und ägyptische Weltweisheit wird gegen die kapitalistischen Ungeheuer des modernen Dampfes und der Elektrizität zusammengeführt und mathematische Formeln sollen über den wahren Werth einer Arbeitsstunde und über den mit den Jahreszeiten und Konkurrenzverhältnissen stets wechselnden Preis der Arbeit [illegible]. Wenn jeder Arbeiter, der auf den Propheten Marx schwört, verurtheilt würde, sein Werk über das Kapital zu lesen, so würde sofort jede Berufung auf diesen Meister unterbleiben.

Es bedarf zur Widerlegung der Marx'schen Lehre, „daß die sog. Accumulation des Kapitals die Hauptursache des Proletariats sei“, keiner philosophischen Dialektik, sondern nur eines Blickes auf das praktische Leben. Ueberall wo große Kapitalien angehäuft sind, finden wir größere Nachfrage nach Arbeit zur Beschäftigung des Kapitals und mithin die höchsten Löhne, während dort wo die Kapitalbildung zurückgeblieben ist, niedrige Löhne und zeitweise bittere Hungersnoth herrschen.

Wer in der Schweiz nicht bloß die Schönheiten der Natur, sondern auch die Eigenthümlichkeiten der gewerblichen und sozialen Entwicklung erforschen will, wird dort auf kleinem Raume dicht neben einander industrielle Kantone mit ziemlich allgemeiner Wohlhabenheit und industrielose Kantone mit ziemlich allgemeiner Armuth durchwandern können. — In dem industriellen protestantischen Kanton Appenzell-Außerrhoden trifft man fast überall auf blühende Dörfer, reinliche Häuser und nur wenige arme Menschen, während das benachbarte industrielose katholische Appenzell-Innerrhoden große Unreinlichkeit, viel Schmutz und Elend und massenhafte Bettler zeigt.

Mit Recht sucht man daher dort Einheimische oder Fremde durch unentgeltliche Abtretung des dazu nöthigen Bodens zur Errichtung von Fabriken zu bewegen. Die Bevölkerung sieht ein, wie nöthig es ist, daß ihr mit ausgezeichneten Wasserkräften, mit günstig gelegenen Plätzen und genügenden Arbeitskräften versehenes Land allmählich der Gewerbthätigkeit und dem Handel geöffnet werde. Sie ist geneigt, durch Steuerbefreiung, durch unentgeltliche Holzlieferung aus den Korporationswaldungen u. s. w. jede größere Unternehmung der Art zu unterstützen und ladet in öffentlichen Blättern Unternehmer dazu ein.

Aehnlich ist es in Graubünden, wo der Arbeitslohn in den rein ländlichen, kapitallosen Gegenden auf den nothwendigsten Lebensbedarf beschränkt ist, und wo man alles Mögliche thut, um induständige Unternehmer anzugehen und durch Vermindern des Kapitals das Proletariat zu vermindern.

So widerlegt denn das Leben selbst und die Erfahrung sofort die scheinbare Stubenweisheit von Marx, der übrigens auch schon bei einem weniger einseitigen Studium der Wirthschaftslehre das wirthschaftliche Gesetz gefunden haben würde, daß die Zunahme des Kapitals die Tendenz hat, den Lohn zu steigern und den Zinsfuß zu ermäßigen.

Größeren Werth als die früheren theoretischen Auseinandersetzungen würden die Marx'schen Darstellungen der englischen Fabrikgesetzgebung und seine Auszüge aus den Parlamentsreports haben, wenn Marx ein gewissenhafter und zuverlässiger Forscher wäre und nicht alle seine Auszüge vom Standpunkte der Feindschaft gegen das Kapital unter Verschweigung der wichtigsten andern Aussagen zusammengetragen hätte.

Den eklatantesten Beweis seines Lügentalentes hat Marx in seiner bekannten Inauguraladresse an die internationale Arbeiterassociation (abgedruckt in der Schrift an „Wilhelm Eichhoff. Die internationale Arbeiterassociation" S. 6—15) gegeben, deren Behauptungen in allen sozialistischen Parteischriften, Zeitungen und Versammlungen wiederklingen.

Karl Marx beschäftigt sich darin auch mit einer Rede des englischen Schatzkanzlers Gladstone, worin derselbe die Zunahme des englischen Wohlstandes darlegt und u. A. auch gesagt haben sollte: „Diese berauschende Vermehrung von Reichthum und Macht ist ganz und gar auf die besitzenden Klassen beschränkt." — Die treffliche Zeitschrift „Concordia" hat sich vor einigen Wochen dadurch ein Verdienst erworben, daß sie unter dem Titel „Wie Karl Marx citirt" jenen Passus der Gladstone'schen Rede aus den Parliamentary debates, 3. Series Vol. 170, Pag. 243 ff. wörtlich abgedruckt hat. Eine Vergleichung des offiziellen Textes ergiebt nun, daß Gladstone gerade das Gegentheil gesagt und Marx den citirten Satz formell und materiell hinzugelogen hat. Gladstone sagte nämlich wörtlich: „Was mich angeht, so muß ich sagen, daß ich mit Schmerz und großer Besorgniß auf dieses außerordentliche und beinahe berauschende Wachsthum sehen würde, wenn ich glauben müßte, daß es auf diejenige Klasse von Personen beschränkt sei, die als in angenehmen Verhältnissen zu bezeichnen ist." — Und an einer späteren Stelle: „Wenn wir die Durchschnittslage des britischen Arbeiters betrachten, sei er Bauer oder Bergmann, ungelernter oder gelernter

Arbeiter, so wissen wir aus mannigfachen und angemessensten Zeugnissen, daß in den letzten zwanzig Jahren eine derartige Vermehrung seiner Mittel zum Leben stattgefunden hat, daß nur sie dagegen für beispiellos in der Geschichte jeglichen Landes und jeglichen Zeitalters erklären können."

Die eben mitgetheilte Fälschungsprobe, zusammengehalten mit zahlreichen anderen öffentlichen Erklärungen von Marx beweist, daß man es bei ihm und seiner Partei mit einer Art Wissenschaftern zu thun hat, welche als größte Verhöhnung an den besten und höchsten Aufgaben unseres Geschlechts gebrandmarkt werden sollte.

Die von Marx im Jahre 1864 gegründete und geleitete „internationale Arbeiterassociation" hat zwar in der socialistischen Bewegung der letzten 7 Jahre viel Staub aufgewirbelt und sich zu einer Weltmacht aufzublähen gesucht, aber ihr Einfluß ist überschätzt worden, und jedenfalls seit dem deutsch-französischen Kriege auf den Nullpunkt herabgesunken, weil sie in einem rach-revolutionären Revolutionsgewand auftrat und weil der deutsche Karl Marx sich nicht schämte, den internationalen Arbeiterbund auf sein Vaterland hetzen zu wollen und in einem wüthenden Manifeste von 1871 zu behaupten: „daß Frankreich nicht nur für seine nationale Unabhängigkeit, sondern auch für die Freiheit Deutschlands kämpfe." Diese vaterlandslose Gesinnung ist es auch, welche die deutschen Capitalisten Bebel und Liebknecht charakterisirt und in ihrem Organ „der Volksstaat" sogar während des Krieges gepredigt wurde.

Diese Haltung im Kriege und nach dem Kriege hat den Zerfall der ganzen internationalen Association angebahnt, wie man dies am besten in der Schweiz beobachten kann. Die Schweiz gilt in Europa als ein Hauptsammelplatz dieser Association, von deren vier Congressen bisher drei auf dem freien Boden der Schweiz abgehalten wurden, nämlich der erste 1866 in Genf, der zweite 1867 in Lausanne und der dritte 1869 in Basel. In neuester Zeit soll der Kanton Zürich zu einem Hauptmittelpunkt der socialistischen Agitationen auf dem Continent auserlesen sein. Dies Treiben wurde sich jedoch in der Nähe viel harmloser und ungefährlicher aus als von fern und die Zahl der Internationalen schrumpft mehr und mehr zusammen.

Es ist in Deutschland nur wenig bekannt geworden, daß man im September 1870 den Versuch und den Versuch machte, ein Manifest des Centralbureaus der internationalen Arbeiterassociation zu verbreiten, welches u. A. eine Aufforderung an die schweizerischen

Arbeiter enthielt, der französischen Republik bewaffneten Zuzug zu leisten und Sammlungen zum Ankauf von Waffen und Munition zu veranstalten. Da dieser Aufruf eine völkerrechtswidrige Handlung in Aussicht nahm und daher unter Artikel 41 des eidgenössischen Strafgesetzes fiel, so hatte der Bundesrath sein Justizdepartement beauftragt, unverzüglich die geeigneten Instruktionen für das erforderliche Einschreiten zu geben. Die Aufforderung zum bewaffneten Zuzuge für die französische Gegenrepublik hatte übrigens nicht einmal in der französischen und noch viel weniger in der deutschen Schweiz Anklang gefunden.

Die Zürcher Arbeiterzeitung erklärte den „Internationalen" in ihrer Nummer vom 28. Januar 1871: „Wir wollen in erster Linie Eidgenossen sein und bleiben und die Liebe und Treue zum Vaterlande als das erste politische Gesetz eines Schweizers ehren." Noch bezeichnender war eine im Sommer 1871 veröffentlichte Erklärung des durch die ganze Schweiz verbreiteten großen „*Grütlivereins*", der meist aus Arbeitern und Mitgliedern der fortgeschrittensten Demokratie besteht und sich im „Grütlianer" entschieden gegen den Anschluß an den internationalen Arbeiterbund aussprach. Auch das sozialdemokratische „Felleisen", Organ der deutschen Arbeitervereine in der Schweiz, stellt sich in Opposition gegen die schweizerischen Internationalen, deren Organ „Die Tagwacht" nur noch eine sehr bescheidene Anzahl von Abonnenten zu haben scheint.

Die der internationalen Arbeiterassociation zu Grunde liegende Idee der Solidarität der Arbeiterverhältnisse der verschiedenen Nationen ist an sich eine durchaus berechtigte und der Thatsache eines Weltmarktes entsprechend. Wie Gelehrte, Kaufleute, Rheder, Fabrikanten und alle möglichen Berufsgenossen sich zu internationalen Verbindungen zusammenschließen, mit demselben Rechte und Vortheil können es natürlich auch die Arbeiter der verschiedenen Nationen. Wenn das Ganze auf föderalistischer Grundlage ehrlich, verständig, mit weitem Blick für die *allgemeinen* Interessen und zugleich unter Berücksichtigung der überall verschiedenen *lokalen* Interessen und speziellen Bedürfnisse einzelner Distrikte und einzelner Arbeiterklassen geleitet und damit eine Ausgleichung von Angebot und Nachfrage nach Arbeit in den verschiedenen Ländern und in den verschiedenen Erwerbszweigen angestrebt würde, so könnte daraus manches Gute erwachsen und manches für Aufklärung und Fortbildung der Arbeiter geleistet, manche Arbeitslosigkeit oder Arbeitsmangel abgewendet werden. So hätte der Bund eine Macht werden können, wenn er die Arbeiter oder Kinder für praktische soziale Reformen, z. B. für Abschaffung der indirekten Steuern, Herabsetzung der Zollschranken, für Fortbildungsschulen ꝛc. interessiert und immer zuweilen eine einzelne große Frage, anstatt den sozialen Umsturz im Allgemeinen, auf seine Fahne geschrieben hätte.

Dagegen kann das Unternehmen in den Händen unklarer Köpfe und gewissenloser Volksverführer unendlichen Schaden anrichten; es liegt jedoch in dem niemals auszurottenden Gefühle für die Heimath, für das Vaterland und seine Interessen ein bedeutendes Gegengewicht gegen die Gefahren, welche der menschlichen Gesellschaft von dem internationalen Arbeiterbunde drohen.

b) Lassalle und das sogenannte „eherne Gesetz des Arbeitslohnes".

In zweiter Linie steht unter den deutschen Sozialisten Lassalle, welcher von Marx in seinem Werke „das Kapital" beschuldigt worden ist, viele Sätze von ihm abgeschrieben zu haben, ohne die Quelle zu nennen. Abgesehen von diesen Eingriffen in das geistige Eigenthum des großen Propheten Marx hat Lassalle jedenfalls gewandter geschrieben und auch wirksamer erklärt als sein Lehrer. Er begann seine sozialistische Laufbahn mit seinem „Offenen Antwortschreiben an das Centralkomité zur Berufung eines allgemeinen deutschen Arbeiterkongresses zu Leipzig", worin er den Arbeiterstand aufforderte, sich als selbstständige politische Partei zu konstituiren und das allgemeine gleiche und direkte Wahlrecht zum prinzipiellen Losungswort anzunehmen. In seinem sozialen Programme geht Lassalle von einem sog. „ehernen ökonomischen Gesetze des Arbeitslohnes" aus, welches darin bestehen soll:

„daß der durchschnittliche Arbeitslohn immer auf den nothwendigsten Lebensunterhalt reduzirt bleibt, der in einem Volke gewohnheitsmäßig zur Fristung der Existenz und zur Fortpflanzung erforderlich ist."

Die Wirkung und Natur dieses grausamen Gesetzes — so sagt Lassalle wörtlich — ist folgende: „Von dem Arbeitsertrag (der Produktion) wird zunächst so viel abgezogen und unter die Arbeiter vertheilt als zu ihrer Lebensfristung erforderlich ist. (Arbeitslohn.) Der ganze Ueberschuß der Produktion — des Arbeitsertrages — fällt auf den Unternehmerantheil . . ." Für die Arbeiter immer die Lebensnothdurft, für den Unternehmerantheil immer Alles, was über dieselben hinaus von der Arbeit producirt wird.

Das muß nach Lassalle anders werden und sein Universalmittel lautet: „Den Arbeiterstand zu seinem eigenen Unternehmer machen — das ist das Mittel, durch welches *allein* jenes eherne und grausame Gesetz beseitigt sein würde, das den Arbeitslohn bestimmt.“

Die von ihm ausgegebene Parole, welche jetzt das Feldgeschrei der Internationalen bildet, lautet darnach: „*Ersetzung des Arbeitslohnes durch den Arbeitsertrag.*“

Lassalle behauptet mit der ihm eigenen Dreistigkeit, daß das „eherne ökonomische Gesetz des Arbeitslohnes von allen Nationalökonomen von A. Smith, Ricardo bis auf Mill einstimmig anerkannt werde.“

Hätte Lassalle die Werke der Nationalökonomen weniger flüchtig benutzt, so würde er sich überzeugt haben, daß sein Gesetz glücklicher Weise gar nicht vorhanden ist.

Der Arbeitslohn hängt von drei Hauptfaktoren ab:

1) von dem *persönlichen* inneren Faktor der individuellen Befähigung des Arbeiters in physischer, geistiger und moralischer Hinsicht,
2) von dem äußeren *sachlichen* Faktor des Verhältnisses von Angebot und Nachfrage nach Arbeit, welches meist unabhängig vom Arbeiter durch die allgemeinen Verhältnisse des Verkehrs und Arbeitsmarktes oder durch die Größe des vorhandenen Kapitals bestimmt wird, und endlich
3) von den Produktionskosten der Arbeit d. i. die von dem gewohnheitsmäßigen Unterhaltsbedarf eines Arbeiters und seiner Familie.

Der Unterhaltsbedarf des Arbeiterstandes, worauf Lassalle das einzige Gewicht legt, ist mithin nur *ein einzelner* mitbestimmender Faktor der Lohnhöhe, er bildet nur die durchschnittliche Untergrenze des Lohnes in allen Fällen, wo der Arbeiter lediglich auf denselben angewiesen ist und nichts weiter als die roheste Handarbeit zu liefern vermag. Die Obergrenze bestimmt sich aus dem Vortheil, den die *Leistung* des Arbeiters dem Lohnherrn gewährt nach Abzug der übrigen Kosten, und zwischen diesen beiden Grenzen ist es das *Mitwerben*, die Konkurrenz, wodurch das Verhältniß zwischen Angebot und Nachfrage und die Größe des Lohnes festgestellt wird. Die Nachfrage nach Arbeit steht hauptsächlich unter dem Einflusse des Kapitals.

Wenn Lassalle Recht hätte, so müßte die angebotene Arbeitsmenge im Verhältniß zur begehrten immer so groß sein, daß die Arbeiter zu den ungünstigsten Bedingungen hingedrängt würden.

Dies ist aber nur bei einer zu starken Volksvermehrung und bei der gemeinsten Handarbeit zu besorgen. Wo das Kapital sich stärker vermehrt als die Bevölkerung, wo die Gewerbe mit regem Eifer betrieben werden, da geht der Lohn über die Untergrenze hinaus, wie wir es jetzt überall sehen, und es kann je höher steigen, daß der Antheil des Kapitals und der Unternehmergewinn immer bescheidener werde.

Uebrigens ist der Unterhaltsbedarf des Arbeiters schon seit langer Zeit über das physisch Nothwendige hinausgeschritten und besteht in dem herkömmlichen oder gewohnheitsmäßigen Bedarf. Es steht gewissermaßen in der Hand des Arbeiterstandes selbst, durch Tüchtigkeit und Selbstbeherrschung und genossenschaftliches Zusammenhalten einen höhern standesmäßigen Lohn zu behaupten, sobald er nur an einem gewissen Minimum des Lebensbedarfes durch Sitte und Einschränkung der Familienvermehrung festhält.

Wenn daher eine günstige Lohnperiode eingetreten ist, so können wahre Freunde der Arbeiter, ihre Kirche, Schule und Staat das Volkswohl nicht besser sichern, als wenn sie den Arbeiterstand auf vernünftig sittliche Bedürfnisse hinweisen und ihm durch Anleitung zur Durchschossichkeit und Sparsamkeit die Möglichkeit gewähren, das höhere Maß des Lebensbedarfs auch in rauhen und schlechten Zeiten aufrecht zu erhalten und es zur anhaltenden Standesgewohnheit zu erheben.

Man macht in der Schweiz vielfach die Erfahrung, daß ein rasches Steigen des Arbeitslohnes die Arbeiter auch ebenso rasch zu unnützem Aufwand und zum Wirthshausleben verleitet, während ein allmähliches und stetiges Steigen in der Regel gute Früchte bringt und die Arbeiter allmählich an bessere Wohnung, Kost, Kleidung, an höhere Ausbildung und edlere Erholungen zu gewöhnen pflegt.

Meine bisherigen Erörterungen betrafen vorzugsweise die Durchschnittshöhe des Arbeitslohnes der einfachen Handarbeit oder den niedrigsten Lohn, welcher in der Regel mindestens die Produktionskosten decken muß und sich vorzugsweise nach Angebot und Nachfrage richtet.

Begreiflicher Weise haben nun aber die verschiedenen Gewerbszweige nicht gleiche Lohnsätze, es kommen vielmehr innerhalb der verschiedenen Erwerbszweige auch wieder vielfältige Abstufungen vor.

Die kunstlosen und nicht besonders anstrengenden Verrichtungen, zugleich die Zuflucht derjenigen Personen, die in einem andern Geschäfte nicht fortgekommen sind, müssen sich mit dem geringern Lohn begnügen. Andere Gewerbe erhalten vielfach höhere Löhne nach dem Grade der dazu erforderlichen Fähigkeiten, nach den gewöhnlichen oder seltenern Eigenschaften des Arbeiters, insbesondere nach der größeren oder längeren Lehrzeit und den dabei nöthigen Unkosten, ferner nach der größeren oder geringern Wahrscheinlichkeit des Erfolges, nach den seltenern oder häufigern Unterbrechungen der Arbeit, nach der Annehmlichkeit oder Unannehmlichkeit der zu verrichtenden Beschäftigung. Endlich wirken auch noch Rücksichten der Gesundheit, Ehrenhaftigkeit oder eine frühzeitige Arbeitsunfähigkeit des Arbeiters bestimmend auf die Lohnhöhe ein.

Neben diesen mehr speziellen inneren Bestimmungsgründen des Arbeitslohnes, welche in der Art der Arbeit liegen, pflegt noch der allgemeine Zustand des Aufblühens, Stillestehens oder Abnehmens eines einzelnen Gewerbes oder der allgemeinen Gewerbthätigkeit auf den Lohnsatz einzuwirken.

Sobald ein Gewerbe hohe Erträge liefert, werden die Arbeitgeber zur Erweiterung der Unternehmungen ermuntert, was zur vergrößerten Nachfrage nach Arbeit und mithin zur Lohnsteigerung führt. Man kann dies jetzt sehr deutlich in der Schweiz beobachten, wo die in der blühenden Seidenindustrie gezahlten Löhne seit Frühjahr 1871 um 20—30 Prozent gestiegen sind. Aehnlich ist es in der Maschinenindustrie und in andern Branchen. Es läßt sich dieses Gesetz, welches den Arbeitslohn beherrscht, ganz populär auch so ausdrücken: Der Arbeitslohn steigt, wenn die Unternehmer den Arbeitern nachlaufen und er fällt, wenn die Arbeiter den Unternehmern nachlaufen.

Die Lohnsteigerung kann sehr weit gehen, sobald gleichzeitig die Arbeitsleistungen größer werden und der Absatz zunimmt. Immer aber wird die Lohnhöhe auch von allgemeinen Konkurrenzverhältnissen des Inlandes und Auslandes abhängen und kein Gewerbe kann sich davon emanzipiren. Wird der Preis gewisser Arbeiten künstlich und zwangsweise zu hoch hinaufgetrieben, so kann das betreffende Gewerbe vollständig aus einer Gegend verschwinden.

Alle diese Nachweisungen der Lehre vom Arbeitslohn sind von Lassalle ganz unberücksichtigt gelassen worden, es fehlte ihm daher auch der Schlüssel zur Lösung der sozialen Frage. Ebenso einseitig war das von ihm empfohlene Heilmittel für die sozialen Wunden, „die Verwandlung der Arbeiter in Unternehmer mit Hülfe des Staats durch Staatsvorschüsse zu Produktivassociationen." Wenn Staatshülfe wirklich aus Arbeitern ohne Mühe Unternehmer machen

II. Die Arbeiterfrage und die praktischen Mittel zu ihrer Lösung.

I.

Hauptgesichtspunkt und Grundbedingungen der Lösung.

Nachdem ich im ersten Theile meiner Schrift die socialistischen Lehren und Bewegungen in den verschiedenen Zeiten und bei den verschiedenen Völkern in möglichster Kürze geschildert und kritisirt habe, wende ich mich nun nunmehr zur Erörterung der Arbeiterfrage und der praktischen Mittel und Wege, um eine befriedigende Lösung derselben herbeiführen zu helfen.

Die ursprüngliche „soziale Frage" ist in Folge des Vorganges der englischen Arbeiter, ihrer Gerüste und Gewerkvereine mehr zur „Arbeiterfrage" geworden, und zwar denkt man dabei gewöhnlich auch nur an Lohnarbeiter, die in Lohn und Brod eines Unternehmers stehen und meist in Fabriken beschäftigt sind. Erst in allerneuester Zeit seit Anfang des Jahres 1872 hat man von vermehrten Fällen einer Ausdehnung der Arbeiterbewegung auf die ländlichen Arbeiter in England und in Holstein. Sofort haben sich auch einige vornehme Herrn, Pastoren und Agitatoren, von denen der ländliche Tagelöhner bisher nichts gehört hatten, eingefunden, um ihnen in Bezug auf die Organisation und dergleichen guten Rath zu ertheilen.

Obwohl es gewiß einseitig ist, den Ehrennamen „Arbeiter" nur einem kleinen Kreise von Menschen zuzuerkennen, die mit roher Handarbeit beschäftigt sind, während die „geistige" Arbeit immer wichtiger wird und dem ökonomischen Fortschritt weit größere Dienste leistet — und obwohl es nicht bloß ein Fabrikproletariat, sondern auch

5) durch Beförderung von Maßregeln und Einrichtungen, welche ein friedliches Zusammenwirken von Arbeit und Kapital zu sichern suchen;

6) durch Auffassung der Arbeiterfrage als einer Bildungsfrage für die Arbeiter, als einer Gewissensfrage für die Unternehmer und einer Frage der öffentlichen Pflicht für das gesammte Publikum. Die Bildung der Arbeiter muß theils auf eine allgemeine harmonische Ausbildung in körperlicher, geistiger und moralischer Hinsicht, theils auf eine speziell gewerblich technische Geschicklichkeit und wirthschaftliche Einsicht gerichtet sein, damit die Arbeiter einerseits mehr produciren und mithin auch mehr verdienen, anderseits wirthschaftlicher consumiren und daher auch mehr ersparen. Denn ohne größere Leistungen und Ersparnisse der Einzelnen kann sich keine fortschreitende Verbesserung der socialen Zustände vollziehen. Das bleibt der Kernpunkt der Arbeiterfrage.

Diese allgemeinen Gesichtspunkte sollen nunmehr im Speciellen näher erörtert werden.

2.

Mittel zur Hebung der Arbeiter in sanitarischer, ökonomischer, intellektueller und moralischer Hinsicht.

Es giebt eine große Anzahl von Mitteln zur Lösung der Arbeiterfrage, deren Anwendung sich nach der Natur und den Mitteln des Landes und der Bewohner, nach der Art der Industrie, nach der Bildungsstufe der Arbeiter, nach den Vermögens- und Lohnverhältnissen und vielen anderen entweder allgemeinen oder besonderen und lokalen Verhältnissen richten muß.

Man sucht das Wohl der Arbeiter zu fördern

in sanitarischer Beziehung,
in ökonomischer Beziehung,
in intellektueller
und endlich in moralischer Beziehung.

A. In sanitarischer Beziehung kann man es fördern:

1) durch Sorge für gute Arbeitslokale, deren Einrichtung, Ventilation u. s. w.;

2) durch Abwendung der Einflüsse gesundheitsschädlicher Arbeitsstoffe;

3) durch Schutz gegen Körperverletzungen durch Maschinen;

4) durch Sorge für gute Wohnungen, Bau von Arbeiterhäusern mit Gärten, Errichtung von gesunden Kost- und Logierhäusern und Herbergen für ledige fremde Arbeiter;

5) durch Wasch- und Badeanstalten;

6) durch Sorge für rationelle und billige Ernährung, (Volksküchen, Fabrikküchen);

7) durch Entfernung aller jugendlicher Personen, sowie von Wöchnerinnen von der Fabrikarbeit, oder durch zweckmäßige Auswahl und Zuteilung der von jugendlichen und weiblichen Personen zu verrichtenden Arbeiten;

8) durch angemessene Einforderung resp. Beschränkung der Arbeitszeit und durch zweckmäßige Bestimmungen über Nachtarbeit, insbesondere durch Ausschluß aller jugendlichen und weiblichen Personen von letzterer.

B. In ökonomischer Beziehung kann man das Wohl der Arbeiter fördern:

1) durch Steigerung der Leistungsfähigkeit und Geschicklichkeit der Arbeiter;

2) durch Bewilligung höherer Arbeitslöhne und Anwendung besserer Methoden der Entlohnung, z. B. durch Stücklohn, Gruppenakkord, Prämien, Gewinnanteile, naturelle Teilhaberschaft (industrial partnership);

3) durch Förderung von Produktivgenossenschaften und anderen Genossenschaften;

4) durch Sorge für einen rationellen Verbrauch der erworbenen Güter und für eine vernünftige Rechnungslage in der Befriedigung der Arbeitskraft. (Konsumvereine mit Spareinlagen. Gewöhnung zum Haushalten und Sparen);

5) durch Sorge für die Selbstversicherung der Arbeiter und Hilfe von Krankenkassen, Kranken-, Alters-, Invaliden-, Witwen- u. Waisenkassen, oder durch Betheiligung an Feuerversicherungs- und Lebensversicherungs-Anstalten und an Kassen zur Versicherung gegen Arbeitslosigkeit.

C. In intellektueller und moralischer Beziehung kann man das Wohl der Arbeiter fördern:

1) durch Sorge für immer weitere Verbreitung der Volksbildung

   a) mit Hülfe von allgemeinen Fortbildungsschulen oder besonderen Fachschulen,

   b) außerhalb der Schulen durch das Institut der Wanderlehrer, durch Fortbildungsvereine, populäre Vorträge und Diskussionen, Volksbibliotheken, gute Zeitungen, Festspiele; durch specielle Sorge für Verbreitung volkswirthschaftlicher Grundsätze in Schule und Leben, um die sozialistischen Irrthümer, als Hauptgrund der Unzufriedenheit und Gährung im Arbeiterstande, zu widerlegen;

2) durch Erhaltung und Pflege des Familienlebens;

3) durch Sorge für edlere Erholungen und Unterhaltungen;

4) durch Heranziehung der Arbeiter zur Mitbetheiligung an gemeinnützigen Bestrebungen für Gemeinde, Schule, Kirche und Staat.

Die oben aufgezählten Mittel erstreben sämmtlich ein gemeinsames Ziel, welches man zum Theil nur mit Hülfe des Staats, zum Theil aber auch mit Hülfe der Privat- oder Vereinsthätigkeit erreichen kann. Der Schwerpunkt und die bestrittenste Seite der Arbeiterfrage liegt nun immer in der Auffassung über die Grenze der Staatsvermittelung oder über die Anwendbarkeit des Zwangs an Stelle der Freiwilligkeit.

III. Die Stellung und Aufgabe des Staates in der Arbeiterfrage.

a) Nützliche staatliche Maßregeln für das Wohl der Arbeiter

Der industrielle Arbeiterstand ist in neuester Zeit durch Abschaffung der Zünfte und ihrer Beschränkungen, durch Beseitigung der Lohntaxen und anderer patrimonialer Maßregeln, durch Aufhebung der Ehehindernisse und Niederlassungsbeschränkungen, durch Einräumung des allgemeinen Stimmrechts und vor Allem durch Einräumung des Koalitionsrechtes in den Vollbesitz seiner bürgerlichen Rechte eingesetzt worden und müssen zur Gleichberechtigung mit anderen Ständen gelangt. Ueberall, wo der Staat dem Arbeiter diese Rechte noch nicht gewährt, hat der Arbeiter ein volles Recht, Staatshülfe zu verlangen. Die Staatshülfe kann sich ferner betätigen in dem Schutze der Kinder und Unmündigen, in dem Schutze der Frauen, in der Sorge für sanitarische Maßregeln in den Fabriken, Bergwerken 2c., und endlich in einer guten Gesetzgebung, welche die Haftverbindlichkeit der Unternehmer in Unfällen regulirt, die Errichtung von Gewerbeschulen erleichtert und die Freiheit der Vertragsabschlüsse sichert.

Ferner erheischt das Interesse der Arbeiter demnach eine nur vom Staate durchzuführende Steuerreform mit dem Ziele der allmählichen Umwandlung des indirekten in ein direktes Steuersystem.

Die indirekten Steuern haben den Nachtheil, daß sie gerade auf der Armuth doppelt schwer lasten und ohne Rücksicht auf die Leistungsfähigkeit der Steuerpflichtigen den Bürger über den wirklichen Betrag seiner Leistungen an den Staat im Unklaren lassen, während sie außerdem unverhältnißmäßig hohe Erhebungskosten erfordern und dem freien Verkehr sowie die industrielle und landwirthschaftliche Entwicklung hemmen. Doch dieser Mängel der indirekten Steuern wird man sich gerade im Steuerwesen vor allen Uebereilungen hüten müssen, da das Publikum erfahrungsmäßig selbst unvollkommene Steuern leichter erträgt, als eine mit den bisherigen Anschauungen, Gewöhnungen, Lebens- und Geschäftsverhältnissen im Widerspruch stehende gänzliche Umgestaltung des Steuersystems, die immer Zeit erfordert und deren Ertrag nicht mit Gewißheit vorher zu bestimmen ist. Die direkten Steuern werden das indirekte Steuersystem nur allmählich ersetzen können; denn es bedarf zu ihrer richtigen Durchführung und Veranlagung und zur direkten Heranziehung der großen Volksmasse zu den Staatslasten nicht nur eines gewissen Grades von allgemeinem Wohlstand, sondern auch einer umfassenden Mitwirkung des Volkes an der Steuerverwaltung, eines sparsamen Finanzhaushaltes und strenger Steuercontrole, ferner eines sehr lebendigen Staatsgefühls und Gemeinsinns und weitverbreiteter politischer und moralischer Bildung, damit jeder Staatsangehörige die richtige Steuerleistung als seine bürgerliche Ehrenpflicht betrachte und sich ferner, denjenigen Theil seines jährlichen Budgets, welcher die Abgaben und Leistungen an den Staat und an gemeinnützige Zwecke verzeichnet, alljährlich je nach dem Maße seiner Kräfte und Einnahmequellen erhöhen zu können. Man darf vertrauen, daß die Volkserziehung, die zunehmende wirthschaftliche Einsicht sowie der mit der Bildung wachsende Gemeinschaftssinn und das Selbstgefühl des Volkes uns diesem vorläufig noch idealen Ziele näher bringen und die Gefahr der Ueberlastung weniger Steuerzahler abwenden werden. — Wie man sich immer mehr daran gewöhnt, von einer allgemeinen Wehr- und Militärpflicht, statt wie früher nur von einer Dienstlast zu sprechen, so wird man mit dem Fortschreiten politischer Einsicht auch von einer Steuerpflicht und Steuerehre sprechen lernen. Die Steuern sind kein nothwendiges Uebel, sondern eine heilsame Konsequenz des staatlichen Zusammenlebens und eine Gegenleistung für die Gesammtleistungen des Staates. Die Finanzkunst der Zukunft wird aber nicht Abgaben bevorzugen dürfen, die man nicht merkt, sondern im Gegentheil dahin streben müssen, daß jeder Steuerzahler genau weiß, was er dem Staate leistet und wofür er es leistet.

Um zu dem Ziele eines idealen Steuersystems zu gelangen erscheint es jedoch dringend nöthig, den Arbeiterstand nicht nur an seine Rechte und Freiheiten, sondern gleichzeitig auch an seine bürgerlichen *Pflichten* im Steuerwesen zu erinnern. Gegenwärtig herrscht unter der Arbeiterbevölkerung ziemlich allgemein die Tendenz, einen größeren Einfluß auf die öffentlichen Angelegenheiten zu erlangen und die Anforderungen an den Staat zu steigern, sich aber der Theilnahme an den öffentlichen Lasten immer mehr zu entziehen. Dieses ungerechte Verhältniß von Pflichten und Rechten bei einem großen Theile der Staatsgesellschaft bedroht die Wohlfahrt der Gesammtheit, stört das Vertrauen in die Grundlagen der bürgerlichen Ordnung, lähmt den Unternehmungsgeist und verhindert die Vermehrung und produktive Verwendung des Kapitals. In einer einzigen arbeitslosen Woche verliert mancher Arbeiter bestimmt mehr als seine *direkte* Steuerquote an den Staat betragen würde. Der Arbeiterstand muß daher erst von seiner Feindschaft gegen das Kapital geheilt und über seine wahren Interessen besser belehrt werden, ehe man an eine Beseitigung der indirekten Steuern denken kann.

b) Schädliche staatliche Maßregeln und Gesetze der Gleichheitsbestrebungen.

Der Staat kann in den vorstehend angegebenen Richtungen durch seine Gesetzgebung und Verwaltung Manches zur Verbesserung der Arbeiterzustände beitragen; allein in der Hauptsache, worauf es der Sozialdemokratie besonders ankommt, in der Feststellung des *Arbeitsvertrages* oder der Höhe des Arbeitslohnes, in Betreff der *Arbeitszeit* der Erwachsenen und überhaupt in Betreff der allgemeinen Einkommens- und Vermögens-*Vertheilung* ist ein Eingreifen des Staats zwar möglich, aber für das Wohl der Arbeiter selbst verhängnißvoll und auf die Dauer ganz undurchführbar. Insbesondere erscheint es höchst bedenklich, das direkte Steuersystem und namentlich die Erbschaftssteuer sowie die sog. „progressive Einkommensteuer“ zur Ausgleichung der Vermögensverhältnisse mit benutzen zu wollen. Die *Steuern* sollen zur Deckung der Bedürfnisse des Staatshaushaltes dienen und zu *nichts* weiter.

In neuerer Zeit haben wenige Schlagworte soviel Unheil angerichtet und den ärmeren Klassen so viele übertriebene Hoffnungen, den Reichen so viele Befürchtungen eingeflößt, wie die Forderung der „*progressiven Einkommensteuer*,“ als Gegenmittel gegen das Proletariat.

Schon der Umstand, daß jede mäßige Steigerung der Steuer

als in arithmetischer Progression oder in Prozenttheilen des Einkommens, konsequent durchgeführt, unausführbar ist und schließlich das ganze Einkommen absorbirt, sollte von der Aufstellung des Princips abhalten. — Der Satz, von welchem die Anhänger der Progressivsteuer ausgehen: „daß ein geringeres reines Einkommen durch denselben Steuerprozentsatz mehr belastet wird als ein höheres," ist für alle unteren und auch noch für gewisse mittlere Einkommen richtig, und man sollte daher auch Abstufungen und Erleichterungen nach unten einführen. Wenn von einem gewissen Betrage an, dessen Höhe sich natürlich nach dem Verhältnisse des Nationalwohlstandes und nach dem Staatsbedarf zu richten hat, sollte man alle Einkommensbeträge mit einem gleichen Prozentsatze besteuern und also die gleiche arithmetische Progression anwenden. So bestimmt z. B. das neue Basler Einkommensteuergesetz von 1867, daß von jeden 100 Franken bis 4500 Franken seines Einkommens oder Erwerbs je ein Franken entrichtet wird. Uebersteigt das Einkommen oder der Erwerb die Summe von 4500 Franken so ist von dem Mehrbetrage von jeden 100 Franken je zwei Franken und wenn die Summe 9000 Franken übersteigt von dem Mehrbetrage je drei Franken von jeden 100 Franken zu bezahlen.

Wenn also A im Jahre 1871 etwa 16500 Fr. eingenommen hat, so ergiebt sich folgende Steuersumme:

	Fr.	4500	zu 1%,	mit	Fr.	45.
	Fr.	4500	zu 2%,	mit	Fr.	90.
	Fr.	7500	zu 3%,	mit	Fr.	225.
von	Fr.	16500	beträgt	d. St.	Fr.	360.

Andere Kantone und darunter gerade sogenannte Landsgemeinde-Kantone mit der reinsten Demokratie halten diesen erst in neuerer Zeit von Basel-Stadt eingeschlagenen Weg der Besteuerung für abschüssig und beharren vor der Hand noch auf ihrem grundsätzlichen Widerspruche gegen „progressive Steuersätze." So sprach das neueste Memorial für die Landsgemeinde in Glarus vom März 1872 gegen die von einem Landmann beantragte Einführung einer progressiven Vermögenssteuer sich in folgenden Worten aus (S. 13): „Daß es bequem ist und der Mehrheit dienen kann, (einen Theil ihrer bisherigen Steuerlast auf eine kleine Minderheit abzuladen) unterliegt keinem Zweifel; aber billig und gerecht kann es der Landrath nicht finden. Gleichwie in Betreff seiner Rechte jeder Bürger dem andern gleich ist, so sollte er es auch in seinen Pflichten sein; wenn aber der Eine von Tausend Zweiten enthersteldt, der Andere hingegen mehr als vier Fremden zu zählen hat, so ist von einer solchen Gleichheit nicht mehr die Rede. Jeden fehlt es an jedem leitenden Gedanken für die Art und Weise der Abstufung sobald man einmal den Boden der Gleichheit verläßt ... Man begnügt sich mit Einem Wort, sobald man nicht mehr tausend Fremden beim Einen wie beim Andern gleich behandelt, auf das Gebiet der bloßen Willkür. Hiergegen kann der dortsiche Landrath grundsätzlich nicht rathen."

Nach von anderer ganz unpolitischer Seite erhebt man die ernsthaftesten Bedenken gegen die in der Progressivsteuer liegende „Tendenz der Aertheilung des Besitzes", indem man jede stärkere Besteuerung des Einkommens und Vermögens als nach einem einfachen Progressivsatz für eine Besteuerung des größeren Fleißes und der Sparsamkeit zu Gunsten der Nachlässigkeit und Verschwendung bezeichnet. — Der Aargauische Regierungsrath Hans von Hallwyl hat in einer jüngst erschienenen Schrift „über das Wesen und die Wirkungen der Progressivsteuer" namentlich folgende Haupteigenthümlichkeiten hervorgehoben:

1) daß sie auf Fleiß und Sparsamkeit entmuthigend einwirke,
2) daß sie das Kapital verscheuche,
3) daß sie auf die Dauer demoralisiere, weil der im Vergleich zu andern Staatsbürgern übermäßig hoch Belastete verleitet wird, sich der Steuer zu entziehen, sein Kapital zu verstecken oder zu verheimlichen,
4) daß sie verständermaßen mehr und gerade in Demokratien der ärmeren Majorität verleiten kann, die Steuern als Mittel zur Ausgleichung der Vermögensverhältnisse zu benutzen.

„Unsere vaterländische Devise — so lagt Hallwyl — war bisher: Einer für Alle und Alle für Einen; das heißt: Jeder hat die Pflicht, mit seiner ganzen geistigen, physischen und materiellen Kraft für das Gesammtwohl einzustehen. Dieser Pflicht steht aber gegenüber die solidarische Garantie der Gesammtheit für die Freiheit, die Sicherheit und das Eigenthum jedes Einzelnen. Durch die Progressivsteuer erhält daher solche Garantie eines republikanischen Gemeinwesens einen Stich, der ihn als Garantie unmöglich macht. Die Inschrift lautet sodann: Einer für Alle und Alle wider Einen; eine Minderheit wird bestehen und eine Mehrheit bestimmen, wie viel jene zu bezahlen habe, eine

Minderheit die öffentlichen Lasten tragen, eine *Mehrheit* das Gewicht dieser Lasten festsetzen".

Obwohl wir gewisse Steuerabstufungen und Erleichterungen nach unten, also die Degression an Stelle der Progression, nicht für so unbillig halten wie manche Staatsmänner der Schweiz, so erscheint es uns doch gerade jetzt an der Zeit, auch die Bedenken gegen jede Abweichung von dem Prinzip der gleichmäßigen proportionalen Einkommens- und Vermögenssteuer öffentlich auszusprechen und davor zu warnen, in der Progressivsteuer ein Heilmittel gegen das Proletariat und gegen die schroffen Vermögensunterschiede zu erblicken. Diese Tendenz erweckt nur Neid und Begehrlichkeit bei den untern Klassen und Abneigung gegen das direkte Steuersystem bei den besitzenden Klassen.

Das direkte Steuersystem ist nur durchführbar bei lebendigem Ehr- und Pflichtgefühl und Gemeindebewußtsein der untern Klassen, sie erfordert Gewissenhaftigkeit und Opferwilligkeit aller Steuerzahler und eine fortgeschrittene volkswirthschaftliche und finanzpolitische Volksbildung.

e) Die Vortheile der Vermögensunterschiede und der großen Vermögen für den Fortschritt der Staaten.

Für das wirthschaftliche Glück eines Staates ist nicht bloß die Größe des Gesammtvermögens eines Volkes, sondern auch die Art und Weise der Vertheilung entscheidend, und diese Vertheilung wird am günstigsten sein, wenn neben großen und kleinen Einkommen auch viele mittlere Einkommen vorhanden sind und wenn die *mittleren* Einkommen in einem Volke *vorherrschen*. Aber die Ungleichheit an sich ist kein Unglück, sie ist der Menschennatur angeboren und der Fortentwicklung des Menschengeschlechtes eigenthümlich. Kein Mensch ist dem andern ganz gleich an Kräften und Fähigkeiten und Eigenschaften, und noch viel weniger gleich ist die Entwicklung und Benutzung der Kräfte und Fähigkeiten, der im Menschen schlummernden Tugenden und Leidenschaften.

Ebenso verschieden wie die dem Menschen zur Verfügung stehenden Arbeitskräfte sind auch die dem Menschen zur Verfügung stehenden Kapitalien.

Ungleich vertheilt sind des Lebens Loose. Aber es kommt viel weniger darauf an, wie viele Kapitalien oder Vorräthe Jemand etwa bei seiner Geburt bereits besitzt, sondern wie er sie benutzt und verwendet, gerade wie bei den Kreditanstalten. Der eine verzehrt sein Kapital in einem Jahre und der andere erst in 5 oder 10 Jahren, während es ein Dritter in 5 oder 10 Jahren verdoppelt und ein Vierter es vervierfacht.

Die Gleichheit der Vermögensverhältnisse würde jeden Antrieb zum Mehrerwerben und zum Ersparen ausschließen. Man vergißt bei der leider auch unter gebildeten Volkskreisen jetzt grassirenden Gereiztheit gegen die „großen Vermögen", daß es gerade die Millionäre unter den Kaufleuten und Fabrikanten sind, welche gewöhnlich ihren Geschäftsbranche und ihrer ganzen Umgebung die höchsten produktivsten Dienste leisten, weil sie als Pionniere zur Aufsuchung neuer Bezugs- und Absatzquellen, zur Einführung neuer Artikel und Betriebsmethoden, zur Heranbildung fremder Arbeiter und Maschinen 2c. dienen. In jedem kaufmännischen und industriellen Genossenschaften müssen solche mit größern Fonds ausgerüstete Unternehmer sein, welche sie viel Schwarzel bezahlt haben und ihre Gewinne vielleicht in den entlegensten Weltmärkten realisiren, ohne irgend Jemanden zu beeinträchtigen. Erst ihr Beispiel lockt dann andere Unternehmer heran und nützt in der Regel dem untersten Arbeiter eines Platzes. Ganze Fabrikbezirke und Fabrikstädte aber Handelsplätze können herunterkommen, wenn es ihnen an solchen glücklichen Unternehmern fehlt, denen man unter höhere Gewinne ihrer Intelligenz mißgönnen sollte, anstatt in ihrem wachsenden Reichthum eine Ungerechtigkeit des Schicksals zu erblicken.

Deutschland und die Schweiz sind noch lange nicht reich genug, um mit der englischen und französischen Kapitalkraft auf allen Gebieten leicht konkurriren zu können. London und Paris waren bisher die tonangebenden Wechsel- und Kommissionsplätze. Erst in neuester Zeit konnten große deutsche und schweizerische Firmen direkt mit überseeischen Plätzen auf sich trafficren lassen und auch ihre direkten Waarenbezugungen immer mehr ausdehnen, ohne sich in transatlantischen Verkehr der Vermittlung großer Londoner und Pariser Häuser bedienen zu müssen. Diese Erwerbung der früher in England und Frankreich betriebenen Provisionen kommt der gesammten europäischen Industrie zu Gute. Eine solche Emancipation vom Auslande und siegreiche Konkurrenz auf dem Weltmarkte läßt sich aber nur durch sehr reiche Firmen, große Waaren-Gesellschaften und Kreditanstalten erkämpfen.

Der bekannte schweizerische Baumwollkönig Honegg, welcher sich mit den beschbersten Mitteln zum ersten Spinner Europas mit 150,000 Spindeln emporarbeitete und an 30 Millionen Franken hinterließ, hat vielen Gemeinden der Schweiz und zahlreichen armen Familien zum Wohlstand verholfen. Seine Fabriken gehörten zu den besteingerichteten, seine Arbeiter und Angestellten zu den gesuchtesten. Hätte er aber jedem seiner mehr als 2500 Arbeiter täglich auch nur einen halben Franken über den damals angemessenen und marktgängigen Lohn zahlen wollen, so hätte er mit etwa 800,000 Franken Deficit jährlich erhalten müssen und niemals seinen Geschäften jene Ausdehnung geben können, welche ihn befähigte, die schweizerischen Garne auf dem Weltmarkte einzuführen und die schweren Verluste, welche ihn auf seiner unbestrittenen Laufbahn trafen, leicht zu überwinden. Fast alle Fabriken der Schweiz verdanken gerade solchen rasch gewordenen Fabrikanten und Fabrikanten den Wohlstand ihrer Bevölkerung und ihren über die ganze Welt ausgebreiteten Verkehr.

Dieser schweizerische Gewerbefleiß war einseitig und konnte auch bisweilen hart und rücksichtslos gegen Andere sein. Aber er war es auch gegen sich selbst und weil er den strengsten Maßstab an sich und seine Leistungen legte, so verlangte er auch von jedem seiner Arbeiter äußerste Anstrengung seiner Kräfte und strengste Pflichterfüllung. Darin erblickte er das einzige Mittel, Dürftigkeit und Brodlosigkeit zu verscheuchen und vor Armuth in der Zukunft sich sicher zu stellen.

Durch ähnliche Sparsamkeit, Geschäftsmühe und ruhelose Thätigkeit sind auch die großen schweizerischen Fabrikanten Escher von Zürich, Räf von Toggenburg, Schulthess von Winterthur, sämmtlich aus kleinen Anfängen emporgestiegen.

d) Die Stellung des Staates zur Frage des Privateigenthums und insbesondere des Grundeigenthums.

Da die Arbeiter, wenigstens in ihrer Mehrzahl, durch den Augenschein und durch ihr eigenes besseres Fortkommen bei geschickten Unternehmern von der Rechtmäßigkeit des durch gute industrielle Leitung gewonnenen beweglichen Reichthums überzeugt werden und auch die durch Unglück oder schlechte Geschäftsführung erlittenen Verluste mitleidig mit ansehen, so richten die socialistischen Schulen ihr Hauptangriff gegen das Privateigenthum an Grund und Boden. Der Kongreß der internationalen Arbeiterassociation in Basel hat dieser Feindseligkeit gegen das Grundeigenthum einige vielbesprochene Resolutionen gewidmet, nachdem der Philosoph Albert Lange in seiner Schrift über die Arbeiterfrage das Grundeigenthum theoretisch angefochten und die Bodenrente als einen Monopolgewinn, der dem Eigenthümer ohne eigene Arbeit, lediglich durch das Anwachsen der Bevölkerung und der Nachfrage von selbst in den Schooß falle, dargestellt hatte.

Die Bekämpfung des Grundeigenthums und die dadurch mit hervorgerufene Feindschaft gegen das Kapital überhaupt, bildet einen der Hauptirrthümer der modernen Arbeiterbewegung. Eines der Hauptmittel zur friedlichen Lösung der Arbeiterfrage ist daher die Belehrung des Arbeiterstandes über die Rechtmäßigkeit, Zweckmäßigkeit und Nothwendigkeit des Privateigenthums an beweglichen und unbeweglichen Dingen im Interesse der Kultur und zum Besten der Arbeiter selbst.

Eine Anzahl deutscher Nationalökonomen zeigt in neuester Zeit eine bedenkliche Hinneigung, die sozialistischen Angriffe gegen den großen Kapitalbesitz und gegen das Grundeigenthum, wenn nicht zu unterstützen, doch zu entschuldigen.

Männer in hervorragenden Stellungen behaupten: daß der Eigenthumsbegriff zu absolut entwickelt sei, ohne jedoch hinzuzufügen, welche Schranken der freien Verwerthung des Eigenthums gezogen werden sollen. Man klagt über das „Monopol" des Grundeigenthumsrechtes, über den „Bodenzins- und Häuserwucher". Die Augsb. Allg. Ztg. hat im April d. J. 1879 in einer Reihe von Artikeln unter dem Titel: „Die Kritik der deutschen Volkswirthschaftspolitiker" die Forderung aufgestellt: „daß eine neue theoretische und praktische Volkswirthschaft Eingang finden müsse, welche sich auf den nationalen Staat stütze, für den weder das Manchesterthum noch der Socialismus das wahre Verständniß hätten." Sie sprach von einer „heutzutage nicht mehr angegriffenen theoretisch wie praktisch anerkannten souveränen Machtvollkommenheit der staatlichen Gesetzgebung, die vielleicht etwas überspannt in dem Satz Ausdruck finde: „Der Gesetzgeber darf was er will." — Angesichts solcher Aeußerungen und Empfehlungen einer weitgehenden Intervention des Staates in den ersten Organen der deutschen Presse wird es nicht überflüssig erscheinen, gewisse Grundbegriffe und Rechtsanschauungen in der Eigenthumsfrage hier zu wiederholen, weil eine erfolgreiche theoretische Unterweisung der Grundsätze unserer modernen sozialen

Ordnung alle positiven Versuche zur Lösung der Arbeiterfrage überflüssig machen und im Keime unterdrücken müßte.

Wir stellen an die Spitze unserer Betrachtungen den Satz: „Der Gesetzgeber darf nicht, was er will“. Wer, wie der Verfasser dieser Schrift, in einer Republik lebt, in welcher die Sozialdemokratie vor drei Jahren den damals abgeschlagenen Versuch machte, die Gesetzgebung in ihre Hände zu bekommen, der wird nicht darüber in Zweifel sein, daß es naturrechtliche und völkerrechtliche soziale Ordnungen und Rechte giebt, welche ein souveräner Herrscher oder ein souveränes Volk nicht willkürlich umstürzen darf. Zu diesen sozialen Ordnungen und Rechten gehört auch das Eigenthumsrecht, welches nicht von einer Anerkennung durch die Staatsgewalt oder vom Gesetze herrührt, sondern aus dem natürlichen Rechte jedes Arbeiters stammt, das Produkt seiner Arbeit zu behalten und aufzusparen.

Die Staatsgewalt und die Einsicht der Gesetzgeber ist wandelbar und unberechenbar. Die Engländer haben in Valparaiso und in andern südamerikanischen Republiken, sowie in China &c. durch die verständliche Sprache ihrer Kanonen souveränen Generalen, Herrschern und Völkern bewiesen, daß sie das Eigenthum ihrer Staatsangehörigen nicht durch Gesetze konfisciren und verwüsten lassen, sondern volle Entschädigung für Eingriffe auf diese Rechte fordern.

Die Institution des Eigenthums beruht mit kurzen Worten philosophisch, juristisch, volkswirthschaftlich auf der Anerkennung des einfachen, allgemein verständlichen Rechtes für jede Person, ausschließlich zu verfügen über dasjenige, was sie sich entweder selbst erarbeitet oder erspart hat oder was Andere für sie erarbeitet und erspart und ihr freiwillig überlassen haben.

Dieses Recht ist im Grunde schon in kulturlosen Zuständen anerkannt. Wenn 3 Wilde auf einer Insel leben, von denen A. Früchte gesammelt, B. eine Hütte gebaut und C einen Baumstamm ausgehöhlt hat, so wird unter den Dreien, auch ohne daß sie einen Staat bilden und Gesetze haben, ein stillschweigendes Einverständniß herrschen, daß A. über seine Früchte, B über seine Hütte und C. über seinen Baumstamm frei verfügen dürfe. Durch List und Gewalt können zwei den Dritten berauben, aber das Rechtsgefühl lehrt, daß Jedem das Produkt seiner Arbeit gehöre.

Aus dem Rechte der freien Verfügung folgen von selbst die Befugnisse, die erarbeiteten Sachen selbst zu verbrauchen, sie gegen andere auszutauschen, sie zu verschenken, zu vererben.

Ethik, Jurisprudenz und Wirthschaftslehre arbeiten gemeinsam an der Rechtfertigung, Aufrechthaltung und gesunden Fortentwicklung dieser öffentlichen Institution des Eigenthums und Erbrechts, deren Schutz daher auch alle Kulturstaaten für eine ihrer Hauptaufgaben gehalten haben.

Es bedarf aber noch einer kurzen speziellen Rechtfertigung des *Grundeigenthums*, welches der Gegenstand besonderer und sehr lebhafter Angriffe der Sozialisten ist. Man sagt, daß es die widerrechtliche Aneignung des Grundes und Bodens sei, welche das menschliche Geschlecht der ursprüngl. Rechte des Sammelns von Früchten, der Jagd, des Fischfangs, der Weide beraubt habe. Dagegen ist zu bemerken, daß man nur das sich widerrechtlich aneignet, was Jemandem gehört, daß man nur das okkupirt, was einen Werth hat. Nun hat aber die nackte Erde keinen Werth. Die Erde ist ohne Zweifel nützlich wie jedes andere Hülfsmittel der Arbeit, allein sie kann nur *durch die Arbeit und das Kapital*, welche in den Boden hineinverwendet werden, einen Werth erhalten. Der Mensch wird eigentlich erst dann Eigenthümer der Erde, nachdem er die Erde gemacht hat, d. h. nachdem er ihr durch schweren Kampf mit der widerstrebenden Natur und den Elementen *Werth* verliehen hat durch seine Arbeit.

Man sagt nun aber, die Okkupation bestehe darin, daß aller Grund und Boden bereits in Besitz genommen sei.

Darauf ist zu antworten, daß erstens noch nicht einmal die Hälfte der bewohnbaren Erde okkupirt und bebaut ist und daß zweitens der bereits okkupirte und durch Arbeit zu Kapital umgewandelte Theil zum größten Theil solchen Leuten gehört, die ihn auf die rechtmäßigste Art durch Hingabe anderer Werthe erworben haben und die ihre Ersparnisse, anstatt in Waaren, Renten und anderen beweglichen Dingen, nur zufällig in der Form des unbeweglichen Eigenthums angelegt haben.

Man wendet nun aber gegen das Grundeigenthum noch ein, daß, wenn die Aneignung der Erde auch anfänglich durch die an die Ausbeutung geknüpften Schwierigkeiten gerechtfertigt sei, sich dies im Zustande der Civilisation nicht ebenso verhalte.

Darauf ist zu antworten, daß der zu bestehende Kampf mit der Erde noch immer fortdauert. Nicht bloß zu einer Zeit, die sich in das Dunkel der Vergangenheit verliert, sondern noch heutigentags und immerdar muß die Erde vom Menschen zum Arbeitsinstrument gemacht und umgeschaffen werden. Das ist ein Werk, das immer wieder von Neuem begonnen werden muß und das den Menschen immerdar im Athem erhält.

Wo diese Arbeit des Menschen an Grund und Boden nachläßt oder aufhört, wird die Erde wieder zur Einöde und unbrauchbar, Werthe zu erzeugen. Als Beispiel dienen viele früher blühende, jetzt verödete Landschaften. So gehörten z. B. die jetzt verpesteten pontinischen Sümpfe früher zu den blühendsten Landschaften Italiens. Man hat die Arbeit der Entwässerung jener Niederungen unterlassen und spürt nun die traurigen Folgen.

Der Grund und Boden ist weit entfernt, ein privilegirtes Instrument der Arbeit zu bilden. Es giebt nichts, was so [illegible] ist und dessen Unterhalt so viele Mühen verursacht. Man betrachte nur andere Aneignungen des Menschen, das Pferd, den Ochsen, die verschiedenen Geflügel des Hühnerhofs. Diese Aneignungen waren weit leichter zu machen und zu behalten. Zwischen den Hausthieren und dem Menschen giebt es in der That eine gewisse Freundschaft. Umgekehrt scheint zwischen der Erde und dem Menschen von Natur eine Feindschaft zu bestehen, die voll von Widerstandskraft ist und die dem letzten wie dem ersten Bewerber den Machtspruch zu wiederholen scheint: „Im Schweiße deines Angesichts sollst du dein Brod essen!“

Während man nun aber das Eigenthum auf das Recht stützen muß, rechtfertigt sich dasselbe gleichzeitig durch die kräftigen Gründe, welche dem sozialen Nutzen entnommen sind. Es ist nöthig, daß der Arbeiter, welcher den Grund und Boden fruchtbar gemacht hat, ihn ebenso wie die Oberfläche behalte, sonst würde er den Boden benutzen wie ein Besitzer, der gezwungen wird, ihn rasch auszubeuten und zu genießen. Da, wo der Gedanke an die Zukunft fehlt, findet man auch keine ernsthafte Verbesserung, keine zahlreiche und genügend unterhaltene Bevölkerung, keine Geschlechter, welche tiefe Wurzeln in moralischer und materieller Beziehung schlägt. Alle diese Vortheile können nur aus dem dauernden Eigenthum erwachsen.

Die Allmend- oder Gemeindewirthschaft ist die unvortheilhafteste von allen Wirthschaftsmethoden. In Rußland hat man bekanntlich die besten Erfahrungen über die Wirkungen des sog. Gemeindebesitzes gemacht. Die Aufhebung der Leibeigenschaft hat sich in Rußland hauptsächlich deshalb noch nicht genügend bewähren können, weil man den russischen Gemeindebesitz beibehielt und weil es sich zeigt, daß

Erſindungen und des gemeinſam entwickelten Induſtrie- und Verkehrslebens ohne ihr Zuthun oder doch ohne große Mühe reich geworden. Mancher Hausbeſitzer, deſſen Garten und Haus daher ſänkt
im Felde ſtand, erhält lediglich durch den Zuwachs der ſtädtiſchen
Bevölkerung oder durch eine neu angelegte beſuchte Straße den dop-
pelten Werth- oder Kaufwerth und alle Krämer Gärtner und Ge-
müſebauern im Umkreiſe großer Städte ſind dadurch im letzten
Menſchenalter bereichert worden. Allein ſolche Erſparungen, Ueber-
ſchüſſe oder „Renten" pflegen nicht blos in der Landwirthſchaft und
im Häuſerbeſitz, ſondern auch in andern Erwerbszweigen bei jeder
beſonders vortheilhaften Anwendung von Arbeit oder Kapital oder
von günſtigen Verkehrsverhältniſſen vorzukommen, während anderer-
ſeits Rentenverrichtungen fortwährend denjenigen erwachſen,
welche ſich überholen laſſen, welche ſchlecht haushalten oder unwirth-
ſchaftlich handeln.

Die Mehrzahl aller jetzt lebenden Grund- oder Häuſerbeſitzer
hat die ſo viel angeſochtene ſogenannte Grundrente gar nicht als
Bodengeſchenk erhalten, ſondern gewöhnlich bezahlt, geerbt, oder
gekauft. Der Ankauf iſt die gewöhnlichſte Art des Erwerbs von
Grundſtücken oder Häuſern und der Herr und im höhere Durchſchnitts-
ertrag vom Grundkapital iſt in der Regel nur ein etwas höherer
Zins bei günſtigen Conjunkturen oder bei veränderten Verkehrsverhältniſſen.

Wenn die Hausbeſitzer, welche hohe Renten beziehen, deshalb
Monopoliſten wären, ſo wären es ebenſo alle Kaufleute, die beſondere
glückliche Waareneinkäufe machen, alle Induſtrielle, welche Fabrikate von
ganz geſuchter und beſonders hoch beliebter Qualität produziren, ja
auch alle Gelehrte und Künſtler, deren Fach plötzlich in Aufnahme
kommt oder zufällig nur wenige Vertreter zählt und höhere Gehalte
außwirft als andere gleich wichtige und verbreitetere Fächer;
endlich auch alle Profeſſoren, welche durch Errichtung neuer Univer-
ſitäten oder durch Todesfälle und Berufungen materiell beſſer ge-
ſtellt werden, als andere gleichwichtige Collegen.

Jeder haſcht nach beſonderen Vortheilen und Ueberſchüſſen oder
Renten und ſucht den allgemeinen Fortſchritt auch für ſich auszubeuten. Daraus kann an ſich in der Regel der Geſammtheit kein
Schaden, ſondern nur Vortheil erwachſen. Jede Zunahme des
Einkommens im Allgemeinen iſt vielmehr auch den Armen nützlich,
weil durch ſolche Zunahme des Kapitals auch größere Nachfrage
nach Arbeit und mithin Schätzung des Arbeitslohnes erfolgt.

Nur der *Neid* kann an den überall und täglich vorkommenden *Ertragsgewinnen* der Intelligenz, des Fleißes und der Sparsamkeit Anstoß nehmen. Der Neid, von dem Proudhon sagt: „La democratie c'est l'envie“ ist aber der gefährlichste Feind jedes staatlichen Fortschrittes und wer eine edle Durchbildung des demokratischen Prinzips nicht bloß in Republiken, sondern auch in Monarchien anstrebt, muß vor Allem dafür sorgen, daß redlich erworbener Besitz vor dem Neid und vor der Gesetzgebung der Volksmassen geschützt sei.

Derjenige Staat, welcher der sozialistischen Begehrlichkeit gegen das Privateigenthum und namentlich gegen die größeren Vermögen Concessionen macht und aufhört, das Eigenthum an beweglichen und unbeweglichen Dingen als *Regel* und *Prinzip* voll und ganz zu schützen, wird auch den Erwerb höherer Intelligenz, Geschicklichkeit und Tugend und überhaupt das Emporragen über die Mittelmäßigkeit lähmen und nach und nach alle Volksklassen, Reiche und Arme, nicht hinauf, sondern *herunter nivelliren*, während alle Staaten mit vollständiger Sicherheit des Eigenthums im großen Völkerwettkampfe den Vorrang behaupten werden.

e) Der freie [illegible] und die Grenzen der Staatseinmischung in das Wirthschaftsleben.

Die ungleiche Vertheilung der Lebensgüter, worin man so gern die Gefahr der sog. *sozialen Frage* erblickt, ist die nothwendige Konsequenz der persönlichen Freiheit, welche darin besteht, daß Jeder seine individuellen Arbeits- und Kapitalkräfte zur Erfüllung seiner individuellen Bedürfnisse frei benutzen darf, *sobald* er dadurch nicht die Rechte Anderer und die öffentliche Moral und Wohlfahrt verletzt. Jeder Erwachsene hat sein Schicksal als sein eigenes Werk auf sich zu nehmen und seine Wohlfahrt selbst zu erkämpfen, er kann vom Staate weder eine Garantie des Erfolgs noch Schutz gegen das Mißlingen seiner Erwerbspläne verlangen. Mißerfolge und Entbehrungen sind für viele Menschen sogar die heilsamsten Vorstufen für ihr späteres Glück.

Derjenige Staat, den die besseren Socialisten anstreben, soll nun allerdings den Vorzug haben, daß darin auch die vielen Müßiggänger unserer Tage zur Arbeit gezwungen werden; aber ganz abgesehen davon, daß man dann jedem Einzelnen auch eine bestimmte Beschäftigung und die Art der Arbeit vorschreiben und vertheilen müßte, umfaßt der Begriff der Freiheit auch die Befugniß, unter Umständen nicht zu arbeiten, sondern sich je nach individuellen Bedürfnissen oder auch Launen längere oder kürzere Zeit zu erholen und Kräfte für neue Arbeit zu sammeln, oder mit der Arbeit zu wechseln.

Läßt sich wohl jemals eine Behörde denken, welche das Tagewerk eines Gelehrten und Künstlers und die auf allen Gewerbsgebieten wachsende geistige Beschäftigung nicht bemessen und vertheilen kann?

Ebenso unmöglich, wie eine gleiche und gerechte Vertheilung der Arbeit ist auch die Gleichheit des Genusses. Die Menschen sind im Genießen ebenso verschieden wie im Arbeiten. Ja für Viele besteht die Lebensweisheit in Verachtung aller materieller Genüsse, in Selbstbeherrschung und Selbstverleugnung, um gesund und frisch zu bleiben, um in Beruf und Haus vorwärts zu kommen. Wenn ein Diogenes sich in seiner Tonne glücklich fühlt und seine genußsüchtige Umgebung innerlich verlacht, so soll man ihm diesen Spaß lassen, soll seine Individualität respektiren und ihn nicht zwingen, sich in einer kommunistischen und sozialistischen Vereinigung für andere mit abzuplagen, deren Wünsche und Bedürfnisse er nicht theilt.

Die individuelle Freiheit ist ein so hohes Gut, daß ihr Schutz an der Spitze aller Weltverbesserungspläne stehen muß. — Aus dem individuellen Rechte der freien Persönlichkeit folgt die Befugniß jedes Menschen, über die Früchte seiner Arbeit und Entsagung auch frei verfügen zu können, oder das Eigenthumsrecht, woraus sich dann weiter das System der freien Konkurrenz als eine Art gesellschaftliches Recht entwickelt hat.

Dem System der freien Konkurrenz mit seiner Selbsthülfe von unten auf stellte sich das System der Organisation der Produktion von oben her entgegen, als ein System, welches die Aufgaben des Staates überschätzend, die Staatshülfe zur Voraussetzung und zum Ausgangspunkte hat.

Aus dem Prinzip der freien Konkurrenz oder der Selbsthülfe entwickeln sich die Forderungen der Gewerbefreiheit, Freizügigkeit, Heirathsfreiheit, der Verfügungsfreiheit über Grund und Boden, ferner der Verfügungsfreiheit über das Leihkapital oder die Zinsfreiheit, ferner Handelsfreiheit, Vereinsfreiheit, Religionsfreiheit.

Aus dem entgegengesetzten Prinzip der Organisation der Produktion und Arbeit von oben her oder der Staatshülfe entwickeln sich die Forderungen zünftiger Gebundenheit der Gewerbe und bäuerlicher Gebundenheit des Grundbesitzes, Beschränkungen der

Verfügung über Grund und Boden, gesetzliche Bestimmungen über den Preis des Brodes und Fleisches, des Arbeitslohnes, über die Höhe des Zinsfußes in den sog. Wuchergesetze, Beschränkungen der Gewerbepolizei, Arbeiterordnungen, Schankstätte, ferner die Forderung von Staatsarbeiten, die Forderung der Gründung von Produktiv-Associationen auf Staatskosten u. s. w.

Das haben wir eine Erweiterung der Staatshülfe, die in ihren Konsequenzen sich immer mehr oder weniger dem Kommunismus oder Sozialismus nähern wird.

Die Freiheit des Erwerbs, der Konkurrenz und des Eigenthums theilt das Schicksal aller anderen Freiheiten, wie der Preß- und Versammlungsfreiheit, der Gewissens- und Religionsfreiheit ꝛc., daß sie zeitweilig auch gemißbraucht werden und daß man mit ihren Lichtseiten auch ihre Schattenseiten in den Kauf nehmen muß. Niemand wird die Verfassung der bürgerlichen Gesellschaft, welche in allen modernen Kulturstaaten auf diesen Grundfreiheiten beruht, für ein Muster menschlicher Vollkommenheit halten; allein sie hat sich trotz wiederholter Angriffe und Anfeindungen immer wieder als eine der Natur des Menschen entsprechende und dem sozialen Fortschritt förderliche Gesellschaftsform erwiesen. Jedes gesunde Zusammenleben drängt zu einem Oberaufsichtsrechte und zu einer Kontrole des Staats und müssen auch zu einzelnen gemeinnützigen Beschränkungen der persönlichen Freiheit, der freien Konkurrenz und des Eigenthumsrechtes je nach den stets wechselnden Bedürfnissen und Lebensbedingungen der politischen Entwicklung; allein wer die eben erwähnten dem Grundwesen der sozialen Ordnung als Regel und Grundsatz verkennt, wer so leichten Muthes bei der Gewalt und dem Zwange des Staates Schutz gegen soziale Gebrechen sucht und in Zweifelsfällen immer die staatliche „Organisation" anruft, verwirrt allen festen wissenschaftlichen Boden unter sich und muß von einer Hälfte zur andern, von einem Irrthum zum andern übergehen.

Die Versicherungsgesellschaft ist Selbstzweck wie alles Wissen, sie muß sich an den Thatsachen und Bedürfnissen des Lebens immer neu fortbilden und auch ihre Theorie über die Grenzen der Staatsgewalt in den Fluß der Zeit stellen, oder sie wird immer von Neuem die individuelle Selbstthätigkeit und die freiwillige Genossenschaftsthätigkeit dem staatlichen und gesellschaftlichen Zwange opfern müssen.

Die Geschichte zeigt uns zwar, daß ein Staat zu verschiedenen

Zeiten verschiedene Gebiete in den Bereich seiner Thätigkeit zieht: er erweitert dieselbe zeitweilig, gleichzeitig zieht sich aber eine wohlgeordnete und auf einer richtigen Erkenntniß der Dinge fußende Staatsverwaltung von Aufgaben zurück, deren Lösung ihr in früheren Zeiten unzweifelhaft oblag und überläßt dieselben mit dem Fortschritte der Wirthschafts- und Kulturentwicklung der freien Thätigkeit der Einzelnen, der Genossenschaften, der Gemeinden und ähnlicher Körperschaften.

Es wird immer zu den bedeutendsten Zeichen eines gesunden und fortschreitenden Nationallebens gehören, wenn dasselbe zeitweilig den Einfluß des Staates in Angelegenheiten, wo er früher vorherrschend war, zu entbehren vermag. Es wird immer eine Grundidee vernünftiger Staatsverwaltungen bleiben müssen, daß die Regierung, außer in Ausnahmefällen wie z. B. im Postwesen, kein kaufmännisches Geschäft mit dauerndem Vortheil oder Erfolg leiten kann.

Als Leitstern der allgemeinen Wirthschaftspolitik sollte der Grundsatz dienen: daß alle Thätigkeit der Regierung nur ergänzend sein soll und die Kraft des Einzelnen nur da beschränkt werden darf, wo das Wohl des Ganzen auf dem Spiele steht.

Grundregel muß immer sein, daß die individuelle Freiheit in wirthschaftlichen Dingen die Vermuthung für sich hat und daß jede Beschränkung der Freiheit den Beweis für ihre Nothwendigkeit zu führen hat.

Der Staat hat in erster Linie für Sicherheit, Rechtsschutz und Bildung zu sorgen, sollte aber im Uebrigen mit dem ihm zustehenden Zwange so haushälterisch wie möglich umgehen und daher den Kreis der persönlichen Initiative, der privaten Verantwortlichkeit und der genossenschaftlichen Selbsthilfe unausgesetzt zu erweitern suchen, um seine eigentlichen Aufgaben desto besser lösen zu können.

Die eben aufgestellten allgemeinen wirthschaftspolitischen Grundsätze finden auch ihre Anwendung auf das Verhalten des Staates in der Arbeiterfrage. Die sogenannten Arbeiter bilden nur einen Bruchtheil aller Bevölkerungen und sind als solche keinen größeren Entbehrungen ausgesetzt als andere Klassen unter denen es gleichfalls Noth und Elend giebt.

Es ist nicht Sache des Staates, die Verschiedenheit der materiellen Lage aller Klassen auszugleichen und die bald verschuldeten, bald unverschuldeten Unfälle von den einzelnen selbstverantwortlichen

Staatsangehörigen abzuwenden. Die Milderung der streng logischen Folgen unserer bürgerlichen Grundrechtsinstitutionen und der Ausgleichung der Härten unseres Rechtes ist Sache des Gemeinsinnes oder der Nächstenliebe, welche als zweite Haupttriebfeder des Wirthschaftslebens dem Eigennutz oder Selbsterhaltungstriebe der Menschen zur Seite steht. Die Gesellschaft ist es, welche die Pflicht hat, sich um die Noth aller ihrer Mitmenschen, mögen sie nun den untern oder den mittleren und höheren Klassen angehören, zu bekümmern und ihnen womöglich zu einem menschenwürdigen Dasein behilflich zu sein. Viele Wittwen und Waisen von Beamten oder Lehrern sind oft viel schlimmer daran, als kräftige Arbeiter und Dienstboten.

Der in der Gegenwart überall so lebendige Trieb, zu helfen und hier die Schwachen zu kräftigen, dort die Irrenden auf den rechten Weg zurückzuführen, kann aber nur bei voller Freiwilligkeit die edelsten Früchte bringen, während er erlahmt sobald der Staat die Sache in seine Hände nimmt und den möglichst gleichmäßigen Genuß der Lebensgüter als ein Recht der Armen proklamirt.

f) Die Arbeiterfrage ist kein staatliches, sondern ein wirthschaftliches Problem von weltbürgerlicher Bedeutung.

Die Lösung der Arbeiterfrage ist kein staatliches, sondern ein gesellschaftliches und wirthschaftliches Problem von weltbürgerlicher Natur, welches nicht von dem engen Horizonte der Grenzpfähle oder Anordnungen eines einzelnen Staates aus, sondern nach dem Stande des Weltmarktes und der Weltindustrieen beurtheilt werden muß. Die unbestrittenen Erfolge von Unternehmern und Arbeitern hängen theils von internationalen, theils von individuellen und lokalen Verhältnissen ab, welche stets wechseln und niemals nach einer Schablone und vorgefaßten Meinung behandelt werden dürfen. Ein Staat, welcher seine Industrie nach philanthropischen Musterplänen „organisiren“, ein Minimum des Arbeitslohnes garantiren, die Arbeitszeit der Erwachsenen beliebig reguliren, die Unternehmer zur Betheiligung der Arbeiter am Gewinn oder Geschäfte, zu Beiträgen an Hülfskassen und anderen Instituten zwingen will, müßte gerechter Weise auch einen gewissen Fabrikertrag und Preis der Produkte garantiren oder mindestens die Einfuhr und Konkurrenz fremder Produkte, welche unter ganz anderen Bedingungen und staatlichen Einrichtungen produzirt wurden, ausschließen.

Deutschland und die Schweiz haben weder das Meer so nahe, noch auch so viel Eisen und Kohlen und so gewaltige Kapitalkräfte und so geübte energische Arbeiter zu ihrer Verfügung, wie England — und können daher ihren Arbeitern vorläufig noch keine so hohen Löhne und so kurze Arbeitszeit bewilligen.

Der Arbeitsschlendrian ist ein Hauptgrund der auf dem Kontinent noch bestehenden längeren Arbeitszeit und geringeren Löhnung. Die deutschen und schweizerischen Arbeiter sind noch zum großen Theil an ihre Frühstücks- und Nachmittagspausen, an gemüthliches Rauchen und Unterhalten gewöhnt, während der Engländer und Amerikaner, wenn er einmal Fabrikarbeiter ist, die verabredete Arbeitszeit pünktlich einhält und mit einer Stunde Unterbrechung zur Mittagsrast Morgens und Nachmittags 5 Stunden hintereinander unausgesetzt arbeitet.

Auch das in vielen Gewerben noch übliche „Blaumachen“ am Montag, welches hier und da sogar auf den Dienstag mit ausgedehnt wird, ist eine häßliche Unsitte, wogegen der Korpsgeist der Arbeiter und Arbeitgeber und zugleich das öffentliche Gewissen viel mannhafter auftreten sollte, als es jetzt geschieht.

Diejenigen größeren Unternehmer, welche auf dem Kontinent hier und da 10½- und 10-stündige Arbeitszeit eingeführt haben, pflegen mit der größten Strenge darauf zu halten, daß 5 Minuten vor Glockenschlag das Etablissement geöffnet und spätestens 5 Minuten nach Arbeitsanfang geschlossen wird und daß später kommende Arbeiter ¼ Tag verlieren. Was aber in großen Fabriken möglich ist, läßt sich nicht ebenso leicht in den zahlreichen Werkstätten kleinerer Meister durchführen, deren Gesellen nach der Gleichheitsdoktrin unserer Tage natürlich nicht schlechter als Fabrikarbeiter gestellt sein wollen und es lieber dem Meister überlassen, „sich immer zu plagen.“ Die Arbeiter ruiniren durch übertriebene Ansprüche das Kleinmeisterthum, die Vorstufe zu ihrer eigenen Selbständigkeit und vergessen namentlich die Ungunst der überall wechselnden lokalen Verhältnisse, mit denen gerade junge Unternehmer schwer kämpfen müssen.

Es ist rein unmöglich, in entlegenen Bergdörfern der Schweiz, wohin die Rohstoffe mühsam hinaufgeschleppt werden müssen, die Arbeiter einer Spinnerei ebenso zu stellen, wie im verkehrsreichen Thale. Solche Dorfbewohner pflegen sich auch gern mit bescheidenen Löhnen zu begnügen und mit offenen Armen alle Unternehmer aufzunehmen, welche ihren unbeschäftigten oder halbbeschäftigten Händen

Verdienst geben. Sie sind noch nicht durch eine sozialdemokratische Literatur und Presse darauf abgerichtet worden, in der Benutzung von Kapitalkräften einen Frevel an der Menschheit zu erkennen und wissen wohl gut, daß erst die zweckmäßige Verwendung, wenn man will, die Ausbeutung ihrer Körperkräfte, also der Unternehmergeist ihre Arbeit productiv, werthvoll macht. — In alle ähnlichen Verhältnisse und wechselnden Aufträge der Entwickelung gewisser Industriezweige kann eine schablonenhaft regulirende staatliche Gesetzgebung, welche alle Personen, alle Gegenden, alle Beschäftigungen über einen Kamm scheren will, nur Verwirrung bringen.

Zu den auch von Arbeiterführern unterstützten Modeforderungen gehört z. B. auch der Normalarbeitstag und ein Verbot des Ueberzeitarbeitens. Bei Kindern, die sich nicht selbst schützen können, ist es gerechtfertigt, bei Erwachsenen jedoch vom Uebel. Für Tausende von Arbeitern ist ein zeitweiliger und auch länger fortgesetzter Nebenverdienst eine Vorstufe zur Selbständigkeit. Diesen jungen Männern bekommt diese Nebenarbeit entschieden besser als das Wirthshausleben.

In der Schweiz haben bisher nur die Kantone Glarus und Baselstadt die Arbeitszeit der Erwachsenen gesetzlich auf 12 Stunden normirt. Es ist dies ein abschüssiger Weg. Man petitionirt jetzt in Glarus um Festsetzung des Arbeitstages auf 11 statt 12 Stunden. Weiter beantragen die Arbeiter dieses Kantons jetzt ein Verbot des sog. Doppelstuhls, einer neuen Erfindung, welche die Hälfte der Arbeiter erspart. Ein solches Verbot von Seiten des Staates könnte für die ganze schweizerische Industrie verhängnißvoll werden.

Bei der Volksabstimmung über das letzte Züricher Fabrikgesetz ist die gesetzliche Herabsetzung der Arbeitszeit verworfen worden, weil gerade zahlreiche Arbeiter davon eine Lohnherabsetzung befürchteten. Dagegen haben seit Anfang des Jahres 1872 die schweizerischen Maschinenfabrikanten die bisher meist zwölfstündige Arbeitszeit freiwillig auf 63 Stunden per Woche, also 10½ Stunden täglich herabgesetzt. Man sieht aus diesem schweizerischen wie aus dem englischen Beispiele der Maschinenbauer an der Tyne, daß die staatsseitige Festsetzung der Arbeitszeit für Erwachsene unnöthig ist und daß entweder die Unternehmer oder die Arbeiter zur rechten Zeit und am rechten Orte selbst zu handeln verstehen.

Ich habe nur eine einzelne von vielen Streitfragen herausgewählt, um daran die Grenzen eines Einschreitens der Staatsgewalt zu zeigen.

IV. Die Stellung und Aufgabe der Arbeiter in der Arbeiterfrage.

a) Die Arbeiterfrage als Bildungsfrage für den Arbeiter

Wer von den Aufgaben des Staats und von den Wirkungen seiner Zwangsmittel oder materiellen Zuschüsse zur dauernden Verbesserung der Arbeiterverhältnisse bescheiden denkt, muß an die Freiwilligkeit der Betheiligten und der ganzen Gesellschaft um so höhere Anforderungen stellen. Ich bin damit an dem Kernpunkte der Arbeiterfrage angelangt, indem ich sie als eine Bildungsfrage für die Arbeiter, als eine Gewissensfrage für die Unternehmer und als eine Frage der öffentlichen Pflicht für das gesammte Publikum erfasse.

Das ganze Volk hat mitzuarbeiten an dem großen Fortschrittsproblem, welches man soziale Frage nennt, aber die Hauptsache ist es, in den Arbeitern die Geistsbildung zu erwecken und die Ueberzeugung zu befestigen, daß ihre Wohlfahrt ihnen selbst anvertraut ist und daß sie keine untergeordnete sog. „zweite" Klasse der Gesellschaft bilden, für welche andere Wirthschaftsgesetze und Ordnungen des Zusammenlebens erfunden werden müssen, während es Thatsache ist, daß Tausende täglich aus den unteren Klassen zu Wohlstand emporsteigen durch eigenes Verdienst, und Tausende aus den sog. höheren Klassen herabsinken durch eigene Schuld.

Die Arbeiter suchen gegenwärtig in großer Anzahl die Ursachen des Mißbehagens, des Unglücks, des sozialen Elends mehr außer sich, als in sich selbst; sie suchen nach den Quellen materieller

Frieden und äußerer Gleichheit, sondern nach innerer Befreiung, sie spekulieren auf Revolutionen statt auf Reformen, sie vertrauen mehr der gewaltsamen Bewegung von oben als der Initiative von unten, sie wollen plötzliche Umänderungen, anstatt sich mit den allein erreichbaren allmählichen Verbesserungen ihres ganzen Standes zu begnügen.

Die sich überall verbreitende legale Umgestaltung kann durch derartige Maßlosigkeiten nur aufgehalten werden. Der Fortschritt selbst ist jedoch eine zweifellose Thatsache. Unsere Zeit bildet einen kritischen Uebergang aus alten zu neuen wirthschaftliche Verhältnisse. Die Arbeiter haben in der Begünstigung ihrer Bestrebungen, in ihrem solidarischen Zusammenhalten und Sparen eine ganz neue Kraft ihrer Existenz kennen gelernt. Sie verhandeln jetzt mit den Uebriggeben als eine Vielheit oder Gesammtheit. Die ganze politische und soziale Rechtsstellung und das Rechtsbewußtsein des Arbeiters haben sich geändert und gehoben. Bei dem Steigen der Preise für alle materiellen Lebensbedürfnisse und bei den mit der Befriedigung wachsenden geistigen und gesellschaftlichen Ansprüchen müssen dem Arbeiterstande Konzessionen in Betreff der Nahrung, der Arbeitszeit und der ganzen Behandlung gemacht werden. Die Erhöhung der Löhne vollzieht sich in Folge des Mangels an Arbeitskräften und der Zunahme des Kapitals schon ganz von selbst, und zwar schon bei der einfachen Fabrikarbeit und Handlangern, noch viel mehr bei allen Arbeitern, welche ein besonderes Gewerbe „erlernt" haben. Die jetzt epidemischen Arbeitereinstellungen werden zwar in der Regel für beide Theile nachtheilig, sind aber wie Kriege als äußerste Mittel der Entschlüsse und Kraftmessung zwischen zwei streitenden Parteien noch nicht aus der Welt zu schaffen und schon die Androhung eines Streik wirkt oft günstig für die Arbeiter. Eine der ersten Forderungen früherer deutscher Arbeiter war die Sonntagsruhe, die man vom wirthschaftlichen und religiösen Standpunkte aus als heiliges Anrecht jedes Arbeiters betrachten muß.

Die Arbeiter werden durch ihre Gewerbevereine und durch ihr solidarisches Zusammenhalten voraussichtlich noch manche andere Ansprüche, insbesondere Mitwirkung an der Festsetzung des Lohntarifes durchsetzen können; allein sie werden auch manchen Mißbrauch der Macht ihrer Massen, manches ungerechte Mißtrauen gegen die Arbeitgeber, manche Verletzung der wirthschaftlichen Gesetze und Konkurrenzverhältnisse, manches Uebersehen sachlicher und unvermeidlicher Schwierigkeiten nach schwerer bittrer müssen und voraussichtlich erst

es bessere Zeiten zu erwünschen und zu hoffen. Aendert Euch nur selbst, so werden sich die Zeiten auch ändern!"

Die zur Aenderung der sozialen Verhältnisse in erster Linie erforderliche bessere Fachbildung muß dem Arbeiterstande größere Geschicklichkeit, höhere Intelligenz und festeren Charakter verleihen. — Ueberall kann man die Erfahrung machen, daß noch großer Mangel an der sog. erlernten Arbeit ist und daß junge Handwerker, die ein besonderes Fach gut verstehen in den Fabriken und in Werkstätten von Handwerksmeistern sehr hohe Löhne verdienen können. Daher wird die Frage nach einem rationellen System, bessere Lehrlinge und Gesellen zu erziehen, immer wichtiger.

Mit hohen Löhnen allein ist dem Arbeiterstande indessen auch noch nicht geholfen. Mit der besseren Produktion oder Leistung muß das vernünftige Konsumiren oder Ersparen Hand in Hand gehen — und in dieser letztern Beziehung haben namentlich die Frauen der Arbeiter die wichtige Aufgabe, „den Gewinn zu mehren mit ordnendem Sinn."

Man findet in der Schweiz oft dicht neben einander Spinner mit niedrigen Löhnen, die sich mit Hülfe von Ersparnissen allmählich eine freundliche Häuslichkeit bereitet haben und auf der andern Seite Maschinenbauer mit hohen Löhnen, die namentlich, wenn sie unverheirathet sind, oft allen Verdienst durchbringen.

b) Die Produktivgenossenschaften als Mittel zur Lösung der Arbeiterfrage.

An die gegenseitigen Hülfskassen der Arbeiter haben sich überall weitere genossenschaftliche Bestrebungen und Arbeiterverbindungen angereiht, in erster Linie die schon erwähnten englischen Gewerkvereine, welche jetzt auch auf dem Kontinente mehr und mehr Verbreitung finden und sodann die übrigen Genossenschaften, wie Vorschußvereine, Rohstoffgenossenschaften, Werkgenossenschaften, Magazingenossenschaften, Produktivgenossenschaften. Man ist gewohnt, heutzutage so ziemlich allgemein in den Genossenschaften in einzelnen Gewerben die sachlichsten und zukunftsreichsten praktischen Versuche zur Lösung der Arbeiterfrage zu erblicken. Ich bin weit entfernt, die Bedeutung dieser genossenschaftlichen Bewegung geringzuschätzen, nur sollte man auch darin kein Panacee sozialer Ungleichheiten und Härten sehen. Die Mehrzahl der Arbeiter wird sich bei tüchtigen Privatunternehmern oder Aktiengesellschaften besser stehen und daselbst weniger riskiren, als in Produktivassociationen, in denen sich sehr bald ebenfalls die natürliche Grundverschiedenheit der menschlichen Naturen geltend machen und zu ungleichen Leistungen und Vermögenszuständen führen muß.

Der intellectuelle und sittliche Werth der Productivgenossenschaften ist gewiß viel höher anzuschlagen, als der ökonomische Werth. Man giebt sich hinsichtlich der wirthschaftlichen Leistungsfähigkeit dieser Genossenschaften hier und da vielen Täuschungen hin. Es wird immer Patrone und Chefs der Industrie geben müssen, um den Kampf der Arbeitskräfte und Werkzeuge und Maschinen gegen den spröden Stoff und die gewaltigen Elemente intelligent und siegreich zu Ende zu führen, wie man immer der Feldherren und Offiziere bedürfen wird, um den Kampf mit Waffen und Geschützen gegen heranstürmende Heerschaaren zu bestehen; — es wird immer eine strenge Disziplin, straffe Unterordnung und eine wachsame Autorität im Erwerbsleben nothwendig bleiben und die Arbeit wird immer wieder an die Hilfsmittel des Kapitals appelliren müssen. — Ferner ist es eine Thatsache, welche noch jüngst durch Verhandlungen der Züricher statistisch-volkswirthschaftlichen Gesellschaft festgestellt wurde, daß der Lohn der Mitglieder von Genossenschaften grundsätzlich nicht höher ist, als der Lohn von Arbeitern der großen Privatunternehmern. Von den Mitgliedern einer vor Kurzem in Zürich begründeten Schneidergenossenschaft haben einzelne als Gehilfen der ersten Schneider früher zuweilen bis 6 oder 7 Franken täglich verdienen können, während sie jetzt mit etwa 3 Franken täglich zufrieden sein müssen. Aber trotz alledem und alledem darf man deshalb vom wirthschaftlichen Standpunkte aus noch nicht Stab brechen über diese Versuche tüchtiger Arbeiter, sich selbstständig zu machen, da sie hoffen, daß ihnen ihre momentanen Opfer später vergütet werden, sobald sie ebenfalls in Besitz der sog. „festen" Kundschaft gekommen sein werden, und alle Vortheile eines größeren Einkaufs und Verkaufs sich verschaffen können. Offenbar lassen sich aber genossenschaftliche Erfolge nur ganz allmählich unter großer Ausdauer, mit anfänglichen Opfern und gegen viel Lehrgeld erreichen, sobald die Vorsteher kaufmännische und technische Bildung, Geschick und Zuverlässigkeit und die Mitglieder genossenschaftlichen Sinn besitzen. Wollte der Staat mit seinen Mitteln solche Versuche anregen und künstlich unterstützen, so würde er nur demoralisirend, aber nicht fördernd einwirken und diese ganze junge genossenschaftliche Bewegung im Keime vergiften. Die Systeme der Privatunternehmung, der Aktiengesellschaften, der Genossenschaftsunternehmungen und anderer Betriebsformen müssen sich nebeneinander bewähren und im Kampfe um das

Diesem entgegen. Ein Staat, welcher diese Konkurrenz verschiedener Systeme lassen legen und vielleicht nur den Genossenschaftsbetrieb begünstigen will, würde unstreitig mit einem Staate, der verschiedenen Systemen die Gelegenheit zur Entfaltung bietet und allen Kräften die freieste Bewegung gestattet, nicht gleichen Schritt halten können.

In allerneuerer Zeit sind in Zürich nach und nach über Produktivgenossenschaften von Schneidern, Lithographen, Mechanikern und Buchdruckern entstanden. Aus den jüngst stattgefundenen Verhandlungen der Zürcher hauptsächlich schweizerischen Schneider Gesellschaft, in welcher die Vorstände dieser Genossenschaften eingehende Mittheilungen über ihre Entstehung, innere Einrichtung und Geschäftsresultate ihrer Unternehmungen machten, ging hervor, daß die auf großem Fuße fabrizirende Spinn- und Webgenossenschaft zu Krummnußbaum den deutschen und schweizerischen Schneidergenossenschaften ganz umfassende Kredite und Erleichterungen gewährt und daß wiederum auch die Genossenschaften sich gegenseitig wesentlich fordern und die äußersten Anstrengungen machen, damit kein auf sie gezogener Wechsel unbezahlt bliebe. Wenn 10 oder 20 in einer Stadt bestehende Produktivgenossenschaften sich untereinander Bestellungen geben und abnehmen, so erwächst daraus jeder einzelnen Genossenschaft schon ein ansehnlicher Kreis von Kunden. So hat sich die Zürcher Mechanikergenossenschaft nach den Mittheilungen ihres Vorstehers, der früher in der großen Maschinenfabrik von Escher, Wyß und Comp. arbeitete, dadurch bald gehoben, daß sie für die Lithographen-Genossenschaft, welche bereits mit 7 Pressen arbeitet, mehrere Lithographenpressen angefertigt hatte und gerade dadurch veranlaßt wurde, sich überhaupt auf die Fabrikation solcher Pressen zu werfen. Der betreffende Mechaniker, welcher sich zur "Internationalen" bekannte und nach einer Schilderung der Schwierigkeiten seiner Gesellschaft die Forderung aufstellte, daß der Staat den Produktivgenossenschaften beistehen müsse, gestand doch im Verlaufe seiner weiteren Darstellung ein, daß er von ihm erwähnten Schwierigkeiten jetzt überwunden seien und daß die Mechanikergenossenschaft, die hauptsächlich Lithographenpressen anfertige, sich im nächsten Jahre um das Doppelte vergrößern werde.

Vor wenigen Wochen hat die Firma Escher, Wyß und Comp. den Entschluß gefaßt, zwar aus ihrer Fabrik unfreundlich geschiedenen, aber den als früher als tüchtig erprobten Mitgliedern der Zürcher Mechaniker-Genossenschaft selbst Kredit zu geben und Maschinen an sie zu veräußern. In dieser Verbindung und Förderung der Genossenschaften durch große Privatunternehmen derselben Branche scheint mir ein hoffnungsreicher und nachahmenswerther Beitrag zur Lösung der sozialen Frage zu sein. Die Privatunternehmer haben in der Einheitlichkeit der Leitung und raschen Disposition, in ihren größern Mitteln und Erfahrungen, ihrem Credit, ihren alten Verbindungen u. s. w. so große Vortheile, daß ihnen die Konkurrenz junger Produktivgenossenschaften schwerlich gefährlich werden kann, aber es liegt in ihrem Interesse, daß sich aus der Mitte der Fabrikbevölkerung ein tüchtiger, selbstständiger Arbeiterstamm herausbilde, welcher seine Angelegenheiten selbst verwalten und sich über die Vorbedingungen des Großbetriebs, über die wahren Interessen und Pflichten des Arbeiterstandes, über die Gesetze des Arbeitslohnes und Kapitalzinses, über das Risiko der Unternehmer und andere Kardinalfragen der Produktion ein auf eigene Erfahrungen gestütztes Urtheil bilden und auf weitere Kreise von Arbeitsgenossen belehrend einwirken kann.[*]

Es liegt jedoch gleichzeitig im Interesse des Arbeiterstandes selbst, daß er vor einem blinden Vertrauen in die Produktiv-Associationen gehütet und sich der großen Schwierigkeiten und Schattenseiten dieser Betriebsform recht bewußt werde.

Wenn ein Arbeitsgenosse aus einem Kreise von 100 besser also curten Arbeitern emporwächst oder ein fremder Unternehmer und Kapitalist unter sie hineintritt und ihnen anstatt der bisher durch schnittlich verdienten 4 Franken einen Tages- oder Wochenlohn von 5 resp. 6 Fr. entrichtet, weil er durch eine bessere Einrichtung des Betriebs oder geschicktere Verwerthung der Leistungen jedes Einzelnen den Gesammtertrag der Fabrik um 25 Prozent zu erhöhen hofft — sollen die Arbeiter etwa dann dem socialistischen Doktrinarismus soweit treiben, und sagen: Nun wir huldigen dem Cooperativsystem und weigern uns, bei einem Privatunternehmer oder bei einer Aktiengesellschaft 25 Prozent mehr zu verdienen? Sollen sie sich um leere Worte: Ertrag oder Lohn streiten und nicht vielmehr die Sache selbst, die Verbesserung ihrer Lage erstreben?

Jedenfalls wird nur ein Bruchtheil der charakterfesten Arbeiter bei dem cooperativen Betriebsganze Größe erzielen und dabei noch

<hr>

[*] Siehe den Aufsatz „Die Verhandlungen der Zürcher statistisch-volkswirthschaftlichen Gesellschaft über die sociale Frage von Prof. Böhmert in der Zeitschrift für schweizerische Statistik, Jahrgang 1872 Heft I

mehr als bei Privat- oder Aktienunternehmungen dem Zufall preisgegeben sein. Eine Schneidergenossenschaft, welche einen guten Zuschneider hat, kann vielleicht rasch die Gunst des Publikums erwerben und eine andere Genossenschaft wird ohne solche gute Leitung bald die Einlagen ihrer Mitglieder einbüßen.

Da man nun aber bei Untersuchung der Arbeiterfrage immer den Arbeiterstand als Ganzes und nicht bloß die Elite im Auge haben soll, so gilt es, die Ungefährlichkeit dieses Heilmittels ins Licht zu setzen und namentlich den falschen Glanz und das krankhafte Vorurtheil zu bekämpfen, als ob es der Würde und Unabhängigkeit eines Menschen Eintrag thue, festen Lohn zu erhalten, während sich Hunderttausende von Beamten und Angestellten in Privatgeschäften bei ihrem festen Gehalt viel wohler befinden als die mit Mühe und Sorgen geplagten Unternehmer. — Ein guter Arbeiter ist heutzutage der unabhängigste und gesichertste Mann, den jeder Arbeitgeber schon im eigenen Interesse gern an sein Geschäft fesselt.

Wer auf die Erziehung des Arbeiterstandes zur Wirthschaftlichkeit ein ebenso großes Gewicht als auf Lohnerhöhung legt, muß gerade wünschen, daß der Arbeiterstand durch feste Löhne in den Stand gesetzt werde, sich einen festen Wirthschaftsplan zu machen, und daß die so leicht zu übermäßigen Ausgaben verleitenden Schwankungen im Erwerbe vermieden werden.

c) Die Gewerkvereine und Strikes als Mittel zur Lösung der Arbeiterfrage.

Während sich die Produktivgenossenschaften erfahrungsmäßig bisher nur langsam und mit zweifelhaften Durchschnittserfolgen entwickelt haben, ist dagegen die Bildung von sog. Gewerkvereinen zuerst in England und seit der Gewährung der Coalitionsfreiheit auch in Deutschland und der Schweiz mit raschen Schritten vorwärts gegangen. Die Gewerkvereine verlangen kein gemeinsames Arbeiten mit möglichst gleichmäßiger Ertrags-Vertheilung, welche wegen der Verschiedenheit der menschlichen Kräfte und Leistungen auf die Dauer kaum durchführbar erscheint, sondern sie begnügen sich mit angemessenen Beiträgen zu einer gemeinsamen Kasse, welche zur Versicherung der Mitglieder gegen die Folgen der Arbeitslosigkeit und andere Wechselfälle dienen und überhaupt die Erlangung günstigerer Lohnbedingungen erleichtern soll.

Die innere Einrichtung und geschäftliche Entwicklung, sowie die neueren Erfolge der englischen Gewerkvereine sind bereits in dem ersten Theile dieser Schrift kurz geschildert worden. Es soll an dieser Stelle nur noch an die Schattenseiten dieser Arbeiterverbindungen erinnert und der Werther Nachahmung englischer Einrichtungen; sowie vor einer Ueberschätzung der Wirksamkeit dieser Gewerkvereine gewarnt werden. Das Loosen der Arbeiter ist auch in England noch ganz anderen allgemeinen und lokalen Ursachen, als der Thätigkeit der Gewerkvereine zu verdanken. In Deutschland und der Schweiz hat sich die Lohnerhöhung in dem letzten Fünftel Jahren verangstens ohne Gewerkvereine in ziemlich gleichem Verhältniß wie in England vollzogen. Das den Gewerkvereinen zu Grunde liegende Versicherungsprinzip läßt sich auch viel rationeller Weise im Bunde mit anderen Versicherungsklassen unter eingreifender Betheiligung des Fiskus durchführen. Die Gefahr der Gewerkvereine liegt darin, daß sie durch Bildung ihrer Kassen, die vorwiegend zum Strikten bestimmt scheinen, zu Arbeiterverstellungen ermuntern, daß sie den Gedanken an einen Gegensatz der Interessen der Arbeit und des Kapitals unter den Arbeiter befestigen, daß sie die Arbeiterklassen isoliren, während es die Aufgabe unserer Zeit ist, die englische-französische Idee eines sog. "vierten Standes" zu bekämpfen und die Arbeiter zu befähigen, das beste Hülfsmittel zur Verbesserung ihrer Lage, die Fortbildung, in friedlichem und freundschaftlichem Bunde mit den sog. mittleren und höheren Klassen des Bürgerthums in Anwendung zu bringen.

Die wenigen während des letzten Jahrzehnts in der Schweiz in Scene gesetzten Arbeiterverstellungen in Genf, Basel, St. Gallen, Zürich, Winterthur sind fast sämmtlich mißlungen. Der letzte große Strike der Appreturarbeiter in St. Gallen endete im September 1871 mit einer Erklärung der Kommission des internationalen Arbeiterbundes im St. Galler Tageblatt, daß sie nach reiflicher Ueberlegung und kurzer Erfahrung zur Einsicht gekommen sei, daß die Maßregel der Arbeitseinstellungen sollen die gewünschten Erfolge erzielte, sie halte dagegen jetzt noch die Ansicht fest, daß noch keine Arbeitseinstellung problematischer gewesen als die der "Appreturarbeiter" rc. Seit jenem unglücklichen Ausgange des St. Galler Strikes, der namentlich unter Mitwirkung des internationalen Arbeiterbundes zu Stande gekommen war, haben sich die schweizerischen Arbeiter immer mehr von den "Internationalen" zurückgezogen und die Bildung nationaler Gewerkvereine ergriffen in die Hand ge-

5

erwarten. Es muß jedoch beobachtet werden, daß die Arbeitslöhne in der Schweiz seit dem Frieden ohne Strikes und ohne Verdienst der Gewerkvereine überall gestiegen sind und am meisten in der Seidenmanufaktur, welche meist Hausindustrie ist und weder Gewerkvereine noch Strikes aufzuweisen hat.

In Deutschland hat sich die Erhöhung der Löhne und die Verbesserung der Lage der Arbeiter in der Mehrzahl der Industriedistrikte und Gemeinden ebenfalls ohne Zuthun der Gewerkvereine und ohne Strikes vollzogen und würde jedenfalls ohne die Unterbrechungen und Störungen in der Verwendung von Arbeits- und Kapitalkräften noch viel raschere Fortschritte machen.

Die in letzter Zeit hier und da in Deutschland durch Arbeitseinstellungen errungenen Erfolge verdanken die Arbeiter meist der Uneinigkeit der Unternehmer und Meister. Gegenwärtig sind von überall Unternehmer- und Meister-Vereine in der Bildung begriffen. Die deutschen Buchhändler und Buchdrucker sind mit der Gründung eines großen Bundes vorangegangen und ihnen folgen andere Arbeitgeber mit Gründung allgemeiner Gewerksgenossenschaften, welche die Meister der verschiedensten Industriezweige umfassen. Vor uns liegt eine vom 8 Mai 1872 datirte öffentliche Bekanntmachung des Vorstandes der allgemeinen Gewerksgenossenschaft des Bezirks Zürich, welche im Monat April in Folge eines Strikes der Züricher Holzarbeiter und ihrer Forderung um zehnstündige Arbeitszeit entstanden ist und dem Publikum mittheilt:

„daß die Arbeitgeber und Gewerbetreibenden des Bezirks Zürich nach einläßlicher Besprechung der Verhältnisse beschlossen haben: es sei eine gegenseitige Unterstützungskasse zu gründen, welche den Zweck hat, Mittel zu beschaffen, dem jeweilig von einem Strike betroffenen Gewerk Hülfe zu bringen und sie vor Vergewaltigung zu schützen und der Verderben drohenden Gefahr, welche die ganze Gesellschaft berührt, entgegen zu treten. Zu diesem Zweck seien die Subskriptionslisten an die größeren Gewerke bereits abgegangen."

Es läßt sich nicht absehen, wohin dieses Gründen von Kampfgenossenschaften unter Arbeitern und Arbeitgebern, das sich in neuerer Zeit auch immer mehr auf die Handwerkerkreise ausdehnt, schließlich noch führen soll, wenn nicht endlich die gesunde Anschauung volkswirthschaftlicher Einsicht beide Theile von der Nothwendigkeit des Friedens zwischen Arbeit und Kapital im Interesse der Gesammtheit überzeugt. Ueberall hört man jetzt kleinere Handwerksmeister klagen, daß Gesellen, welche früher um 6 Uhr Morgens an die Arbeit gingen, jetzt erst um 7 Uhr anfangen wollen. Bei solchen Minderleistungen wird der Fortschritt der Güterproduktion und die davon abhängige allgemeine Verbesserung der Arbeiterzustände nur aufgehalten.

Wir wollen jedoch einzelne gute Seiten und Verdienste der Gewerkvereine nicht in Abrede stellen.

Wir dürfen auch den Arbeiterstand als solchen mit seinem dunkeln und berechtigten Drange und Gefühle, daß eine Veränderung ihn kräftigt und emporhebt, nicht für die Fehler einzelner Führer verantwortlich machen. Wenn einige Gewerkvereine viel Unheil stifteten, so haben dafür andere manches Gute gewirkt. Auch sind die Thatsachen und Bedürfnisse des allgemeinen Wirthschaftslebens mächtiger als die Leidenschaften und Thorheiten der Menschen. So oft die Gewerkvereine versucht haben, den Gesetzen und Faktoren, welche den internationalen Arbeitsmarkt regeln, und dem allgemeinen industriellen Fortschritt offene Gewalt anzuthun, sind diese Versuche gänzlich mißlungen. Aber sie haben in vielen Fällen, sobald die Verhältnisse günstig waren, das Steigen der Arbeitslöhne beschleunigt und auf das Sinken der Löhne ermäßigend und retardirend eingewirkt.

Sie haben das Gefühl der gemeinsamen Interessen und der Nothwendigkeit genossenschaftlichen Zusammenwirkens im Arbeiterstande geweckt, sie haben den Opfersinn und die Theilnahme am Geschick ihrer Mitbrüder gehoben, sie haben die Arbeiter gelehrt, sich nicht nur gegen Arbeitslosigkeit, sondern auch gegen Krankheit, Unfälle, Invalidität u. s. w. zu versichern; sie haben Mittelpunkte und Organe geschaffen, mit denen verständige Arbeitgeber sich oft viel besser verständigen können, als mit einer unorganisirten führerlosen Masse, sie sind eine Bildungsschule der Selbstverwaltung und Selbsthülfe der Arbeiter, welche die Wege bahnt zur Gründung von Produktivassociationen und anderen Unternehmungen und sie können als nützliche Handhaben gegen gewerbliche [illegible] zur Vertretung der Arbeiterinteressen dienen.

Trotz dieser Vortheile, welche die Gewerkvereine einem Theile des englischen Arbeiterstandes gebracht haben, erscheint ihre blinde Nachahmung auf dem Kontinent durchaus nicht empfehlenswerth und die deutschen Arbeiter werden viel besser thun, anstatt nur Strikes anzuzetteln, mit ihren Kassen lieber andere praktische Zwecke, wie

Versicherung, Gründung von Produktivassoziationen, Bildungs- und alle Unterhaltungszwecke zu verfolgen.

Die guten englischen Arbeiter sind als Bannerträger und Pionniere vorangegangen, weil sie es oft mit noch viel zäheren und herzloseren Fabrikanten zu thun hatten. Die englischen Erfahrungen sollten aber den kontinentalen Arbeitern zur Lehre dienen. Man sollte auf dem Kontinente da anfangen, wo die englischen Arbeiter jetzt glücklich angelangt sind, nämlich bei der Einsicht, daß Frieden stets produktiver ist und die Menschen weiter bringt als der Krieg und daß man den Kampf nicht schüren soll, wenn man mit Hülfe von Schiedsgerichten und andern Einrichtungen den Kampfpreis viel zweckmäßiger erreichen kann.

Hoffentlich wird es in Deutschland und in der Schweiz niemals zu der in England hier und da von Gewerkvereinen ausgeübten Tyrannei kommen, welche zahlreiche Arbeiter von gewissen Werkstätten und Beschäftigungen ausschließen und die Mitarbeit mit ihnen verweigern, sobald sie nicht eine bestimmte 5—7jährige gewerbliche Lehrzeit durchgemacht haben — oder sobald sie nicht das Ueberzeitarbeiten und den Stücklohn unbedingt abschwören. Es ist in der That schwer begreiflich, daß sogar deutsche Gelehrte heutzutage solche zünftige Bestrebungen englischer Arbeiter noch vertheidigen können. Man wird sich auf dem Kontinente mit der in England erst durch Gesetz, später durch Sitte und neuerdings durch die Diktatur der Gewerkvereine als fest geltenden 5—7jährigen gewerblichen Lehrzeit niemals wieder befreunden können. Es ist das eine Beschränkung der individuellen Entwicklung der Arbeiter selbst. Man hindert sie, eher und rascher als ihre zurückbleibenden Gewerbsgenossen zu erwerben, man hemmt den freien Uebertritt aus einem Gewerbe zum andern, man würde das Entstehen neuer Industriezweige und das Aufkommen ganzer Gegenden aufhalten. In der Schweiz z. B. ist die Industrie nur deshalb in die entlegensten Thäler eingedrungen, weil man die billigen Arbeitskräfte und Wasserkräfte jener Gegenden gern hat verwenden können und jenen armen zurückgebliebenen Bevölkerungen durch industrielle Beschäftigung die größte Wohlthat erwies. Wollte man dort, wo man noch vielfach mit alten Maschinen arbeitet, sich den tyrannischen Bestimmungen mancher Gewerkvereine unterwerfen, so würden die Arbeiter sicher viel mehr beschädigt als die Unternehmer. Ueberhaupt leiden die

Gewerkvereine darin, daß sie die internationale Natur unserer modernen Industrie und die lokalen und persönlichen Unterschiede, welche sich im Erwerbsleben geltend machen, viel zu wenig berücksichtigen, daß sie viel zu einseitig alles nivelliren und über einen Kamm scheeren wollen und dadurch nicht bloß das einzelne Individuum, sondern den ganzen Arbeiterstand mit ihren Regulationen beengen und zurückhalten.

Möchten die Schriftsteller, welche die Geschichte von Gewerkvereinen schreiben und für sie Propaganda machen, doch vor Allem die theoretischen Widersprüche und Irrthümer, denen der Arbeiterstand so leicht ausgesetzt ist, in das rechte Licht setzen. Sie leisten dadurch den Arbeitern selbst den größten Dienst.

Die deutsche Gewerkvereinsbewegung hat sich von den verkehrten Bestimmungen einzelner englischer Gewerkvereine frei gehalten und sich dadurch verdient gemacht, daß sie die Arbeiter vor den ungesunden socialistischen Bestrebungen zu bewahren und für vernünftige genossenschaftliche Schöpfungen zu gewinnen suchte. Auf dem letzten im September 1871 abgehaltenen Verbandstage der deutschen Gewerkvereine wurde mit großer Majorität folgender Beschluß angenommen: „In Erwägung, daß im Prinzip alle Arbeitseinstellungen weil den betheiligten Parteien, Arbeitnehmern und Arbeitgebern schädlich, zu vermeiden sind, in letzter Zeit aber dieselben immer mehr um sich greifen, ein Hineinziehen unserer Gewerkvereine in diese unorganisirten Arbeitseinstellungen mehr wie schädlich ist, ernennt der Verbandstag eine Kommission, welche feste Normen aufzustellen hat, unter welchen Verhältnissen eine Betheiligung der Gewerkvereine und eine Mitwirkung des Verbandes an derartigen Strikes sein soll." Es kam sodann die Bildungsfrage auf die Tagesordnung; es wurde auch die dringende Nothwendigkeit aufmerksam gemacht, energisch die Volksbildung zu fördern, da dadurch auch viele Ziele der Gewerkvereine erreicht würden und die Versammlung erhob folgenden Antrag zum Beschlusse: „Der Verbandstag empfiehlt allen Gewerkvereinen und selbstständigen Ortsvereinen dringend, unverzüglich der Gesellschaft zur Verbreitung der Volksbildung beizutreten." Hinsichtlich der Einigungsämter und Schiedsgerichte wurde nach einigen sehr treffenden Auseinandersetzungen folgender Antrag formulirt: Der Verbandstag erklärt, die Einführung der gewerblichen Schiedsgerichte ist ein dringendes Bedürfniß der Gewerbetreibenden aller Klassen. Diese Schiedsgerichte müssen durch freie Wahl aller Arbeitgeber und Arbeitnehmer, möglichst nach Berufszweigen geordnet, aus einer nicht zu kleinen Anzahl Schiedsrichter gebildet werden, welche als feste Kommissionen alle Streitfragen erledigen. Zur Feststellung des betreffenden Ortstarifs sind die Arbeitgeber und Arbeitnehmer heranzuziehen. Noch bedeutend wichtiger als die Schiedsgerichte sind die ständigen Einigungsämter zur Regelung der Lohn- und Arbeitszeitverhältnisse, nach den in England bewährten Mustern von Kettle und Mundella, welchen sich die Arbeitgeber und Arbeitnehmer freiwillig unterordnen, und welche wahrscheinlich die zeitweiligen Arbeitseinstellungen zu verhüten vermögen. Es ist möglich und wünschenswerth, daß die Mitglieder der Schiedsgerichte zugleich die Einigungsämter bilden. Der Verbandstag richtet daher an alle Behörden und Gewerkvereinsorganen, insbesondere an die Gewerk- und Ortsvereine die dringende Aufforderung, gewerbliche Schiedsgerichte schleunigst einzuführen. Schließlich wurde noch in Betreff der Stellung der Gewerkvereine zu den Produktivgenossenschaften folgender Beschluß gefaßt: Der Verbandstag erklärt, die Gründung von Produktivgenossenschaften ist eine Hauptaufgabe der Gewerkvereine und es ist daher von letzteren möglichst zu unterstützen.

Wir sind weit entfernt, solchen Beschlüssen entgegen zu treten und die Anstrengungen der Führer der deutschen Gewerkvereinsbewegung, welche jetzt noch in gemäßigten Händen ruht, gering zu achten; allein wir können uns von den Gewerkvereinen als solchen für die Zukunft des Arbeiterstandes nur wenig versprechen.

Glücklich das Land und glücklich die Arbeiter, welche sich nicht bloß mit den Genossen ihres Standes, sondern mit dem ganzen Bürgerthum ihrer Umgebung solidarisch verbunden fühlen und mit den mittleren und höheren Klassen gemeinschaftlich nach größerer Wohlfahrt und Bildung streben!

In der Schweiz giebt es einen großen Arbeiterbund, den sog. „Grütliverein", welcher unter der Devise „Volksbildung ist Volksbefreiung" im Bunde mit dem ganzen Bürgerthum der Schweiz diesem Ziele der wirthschaftlichen, geistigen und sittlichen Verbesserung seiner Mitglieder zustrebt und auch unter sich selbst alle möglichen Unterstützungs- oder Versicherungszwecke verfolgt. Solche allgemeine und nationale Vereine sind uns lieber, als Vereine, welche die Arbeiter nur zu leicht verleiten, sich als abgesonderten Stand im Gegensatz zu den Arbeitgebern zu fühlen.

Nach den neuesten Mittheilungen aus Berlin ist der dort seit Wochen ausgebrochene große Streik in den Baugewerken am 10. Mai durch eine Ausgleichung beendet worden, deren Zustandekommen besonders dem Gewerkvereine der Gesellen zu danken ist, dessen Mitglieder dem Ausgleich beigetreten sind, während die sozialdemokratischen Agitatoren dagegen heftig opponirten. In diesem Falle haben also die Gewerkvereine dem socialen Frieden Dienste geleistet.

Die vereinbarten Arbeitsbedingungen bei der Breslauer Bauarbeiter sind folgende:

1) Arbeitslohn bei zehnstündiger Arbeitszeit täglich 1 Thlr. 10 Sgr. bis 1 Thlr. 15 Sgr.;
2) die Kündigung soll in der Regel von den Meistern sowohl wie von den Gesellen Sonnabends erfolgen, kann aber auch beiderseits täglich geschehen;
3) es soll provisorisch ein Einigungsamt zu je der Hälfte aus Arbeitgebern und Arbeitnehmern bestehend eingerichtet und dahin gestrebt werden, daß in Zukunft bei dem Einigungsamte die in der Gewerbe-Ordnung vorgesehene Mitwirkung der städtischen Behörde eintrete;
4) die Bauhandwerker verpflichten sich zunächst, nur Mitglieder der Ortsvereine, dann aber auch solche Gesellen zu beschäftigen, die sich den vereinbarten Bedingungen ausdrücklich unterwerfen;
5) zur Legitimation wird solchen Gesellen eine Arbeitskarte behändigt, welche entweder vom Ortsverein oder einem der verbündeten Meister unterschrieben ist. Für den Winter wurde die achtstündige Arbeitszeit festgesetzt und die Stunde des früheren Feierabends vor Sonn- und Festtagen bewilligt.

In Zürich ist der seit vielen Wochen schwebende Strike der Holzarbeiter ebenfalls durch eine mit der Gewerkschaft erfolgte Vereinbarung geschlichtet worden. Die „Züricher Ztg." vom 18. Mai enthält darüber folgende Erklärung:

Die Versammlung der Schreinermeister von Zürich und Umgebung, abgehalten den 17. Mai, erklärt hiermit, daß die in Folge gegenseitiger Uebereinkunft getroffenen folgenden Bestimmungen mit Mehrheit angenommen wurden:

1) Es ist freigestellt, die Stundenarbeit einzuführen.
2) Der Normal-Arbeitstag ist auf 10 Stunden festgesetzt.
3) Eine Lohnerhöhung von 10 Prozent (laut ‚Zeitschrift' vom 4. März) wird bewilligt.
4) Das Minimum des Taglohns ist auf Fr. 3 festgesetzt.
5) Bei Stundenarbeit ist das Minimum 30 Cts. per Stunde.

Die Vereinbarung ist sowohl von den Meistern als von den Bevollmächtigten der Arbeiter-Genossenschaft unterzeichnet worden.

Die günstigen Bedingungen, welche sich die Arbeiter aus eigener Kraft erkämpft haben, liefern einen neuen Beweis, daß die staatliche Festsetzung eines Normalarbeitstages unnöthig ist.

4) Das Arbeiter-Vereinsleben als Mittel zur Lösung der Arbeiterfrage.

Das Arbeiter-Vereinsleben muß jedenfalls noch als einer der wichtigsten Faktoren zur Lösung der Arbeiterfrage besonders gewürdigt werden. Die bisherige Geschichte dieser Arbeitervereine zeigt nun, daß nur solche Vereine dauernden blühenden Bestand gehabt und eine gesunde, sittlich und wirthschaftlich befruchtende Saat ausgestreut haben, welche 1) den Charakter von Bildungs- und Geselligkeitsvereinen beibehalten; 2) der politischen und sozialdemokratischen Agitation sich enthalten und 3) sich nicht lediglich auf Arbeiter beschränken, sondern auch die Theilnahme der sog. mittleren und höhern Klassen des Bürgerthums suchen und finden.

Es gibt in Deutschland eine Reihe von blühenden Bildungs-Vereinen dieser Art, unter denen der Bochumer Handwerker-Verein den ersten Rang einnimmt.

Ein ähnlicher blühender Verein ist der Arbeiter-Bildungs-Verein „Vorwärts" in Barmen, über welchen der Verfasser dieser Schrift aus eigener gründlicher Erfahrung zu berichten vermag. Dieser Verein wurde schon im Jahr 1848 auf Anregung eines Kaufmannes und eines Geschäften von 13 Cigarrenarbeitern als ein Verein von Berufsgenossen ins Leben gerufen. An der ersten großen Versammlung betheiligten sich 144 Mitglieder. Nach Beseitigung der Schranke, welche den Eintritt anderer Berufsklassen bis dahin gehindert hatte, stieg die Zahl der Mitglieder schon im ersten Vereinsjahr auf ca. 700 und hat sich mit wechselndem Bestande bis auf nahezu 1000 Mitglieder nebst resp. Theilnehmer gesteigert.

Der Verein besitzt mitten in der Stadt ein eigenes Grundstück im Werth von über 14,000 Thaler Gold mit einem geräumigen Versammlungssaal, einem großen Lese- und Bibliothekzimmer, einer Turnhalle, zwei größeren Unterrichtszimmern und andern Nebenräumlichkeiten. Die Bibliothek zählt bereits ca. 3500 Bde. Im Verein werden regelmäßige größere Vorträge aus den verschiedensten Gebieten der Wissenschaft von Fachgelehrten gehalten und außerdem Spezial-Unterricht ertheilt in Turnen, Schreiben, Rechnen, in deutscher und englischer Sprache, im Freihandzeichnen, Schreiben, Maschinenbauzeichnen, in der Buchhaltung und im Singen. Für diese Unterrichtszwecke allein werden alljährlich über 400 Thaler Geld hauptsächlich für Lehrerhonorare verausgabt. Turnen und Gesang werden fleißig betrieben. Die Lesezimmer sind mit einer reichhaltigen Auswahl von Zeitschriften ausgestattet. In den Gesellschaftszimmern herrscht fröhliche Unterhaltung. Kartenspiel ist darin untersagt, nur Schachspiel und Damenspiel sind erlaubt. — Der Verein feiert alljährlich ein Sommerfest mit Ausflug auf [illegible] und im Winter sein Stiftungsfest mit theatralischen Aufführungen, mit lebenden Bildern, Vorträgen, Deklamationen, Gesang ꝛc. Diese Stiftungsfeste des Arbeiter-Vereins „Vorwärts" gehören zu den erfreulichsten Feierlichkeiten der alten Hansestadt, die unter Zudrang aller Stände der Bevölkerung begangen werden. Um neben Unterricht, geselligem Verkehr und Unterhaltung auch die Freude am Erwerb und den Sinn für Ordnung und Sparsamkeit zu fördern ist in diesem Verein seit 1852 eine Sparkasse begründet, bei der die Mitglieder ihr Erspartes sicher und zinstragend anlegen und im Fall der Noth oder zu andern Zwecken stets prompt zurückerhalten können.

In dieser Kasse waren Ende 1871 ca. 4100 Thlr. angelegt gegen ca. 3450 Thaler im Vorjahr. Die besten Männer des bremischen Gemeinwesens stehen dem Verein fördernd zur Seite. Gelehrte helfen mit am Unterricht und an den Bibliotheken. Künstler erfreuen durch Konzertvorträge.

Die Hauptleitung des Ganzen ruht indessen in den Händen der Arbeiter selbst oder der aus dem Arbeiterstande hervorgegangenen Handwerker. Vom politischen Parteileben hat sich der Verein als solcher grundsätzlich ferngehalten, er läßt jedem Mitgliede seine freie Meinung und Ueberzeugung, will sich jedoch als Ganzes nicht zur öffentlichen Agitation mißbrauchen lassen und hat durch diese weise Enthaltung seine eigentlichen Vereins-Zwecke um so besser gefördert, während die Mitglieder zugleich durch belehrende, [illegible] und volkswirthschaftliche Vorträge zum politischen Selbstdenken erzogen werden.

So steht dieser große Arbeiter-Verein mit seinem Losungsworte: „In Eintracht vorwärts!" schon länger als ein Vierteljahrhundert unter allen Wechselfällen und Zeitströmungen als ein Musterverein in ganz Norddeutschland da und arbeitet rüstig weiter an der bei seiner Gründung festgestellten Aufgabe, „die sittliche und geistige Bildung seiner Mitglieder zu fördern, im freundschaftlichen Verkehr den Sinn für Schönes und Edles in ihnen zu wecken, und jeden Einzelnen zu verpflichten, dem Stande dem er angehört, Ehre zu machen!“

Das Arbeiter-Vereinsleben der Schweiz zeigt, wie in Deutschland, daß die sog. Agitations-Vereine gewöhnlich nur ein sehr kurzes Leben fristen, während die Vereine für Bildungs-, Geselligkeits- und vaterländische Zwecke sich längerer Dauer erfreuen. Die schweizer. Sektionen der internationalen Arbeiterassociation, welche eine Zeit lang so viel von sich reden machten, sind im Verschwinden begriffen und haben kaum noch 10 Prozent ihres früheren Mitgliederbestandes. Die beiden Hauptgruppen von Arbeitervereinen sind hier die sog. Grütlivereine, welche aus Schweizern bestehen und den „Grütlianer“ zum Preßorgan haben und die deutschen Arbeiterbildungsvereine, deren Preßorgan das in Zürich erscheinende „Felleisen“ ist, während die Internationalen sich zu der „Tagwacht, Organ der socialdemokratischen Partei und der internationalen Gewerkschaften der Schweiz“ bekennen. Außer den Grütlivereinen, welche einen eidgenössischen Charakter haben, gibt es auch noch viele kantonale Arbeitervereine, insbesondere im Kanton Zürich, welche ebenfalls ihr besonderes Organ, die jetzt in Thalweil erscheinende „Arbeiter-Zeitung“ haben, in welcher die Interessen des Arbeiterstandes meist in durchaus ruhiger und vernünftiger Weise erörtert werden. — Die deutschen Arbeiterbildungsvereine der Schweiz, welche bis zur Mitte des vorigen Jahrzehnts ziemlich einflußreich waren, und sich damals in ihrer Mehrheit ausdrücklich gegen Lassalle und für die Schulze-Delitzsch'schen Prinzipien erklärt hatten, sind seit jener Zeit durch die Wühlereien der Internationalen und Socialdemokraten sowie durch die politischen Ereignisse von 1866 und 1870 in bedenklicher Weise [illegible] gekommen. Einige neuere Köpfe predigten ihnen in Versammlungen und in Zeitschriften eine ganz absonderliche Staatsweisheit, welche in der [illegible]-Republik das Heil erblickt und auf Staatsformen und Verfassungs-Paragraphen schwört, anstatt Wesen und Inhalt der wahren Freiheit und Verwaltung zu erfassen und anstatt aus dem Beispiele der Schweiz zu lernen, daß es überhaupt keine alleinseligmachende Staatsform gibt, daß vielmehr jede Verfassung den menschlichen Leidenschaften einen breiten Raum zur Entfaltung darbietet und daß die Schweiz selbst eine bunte Musterkarte der verschiedenartigsten Republiken enthält, bald mit rein demokratischer, bald mit gemischt repräsentativer, bald mit rein repräsentativer Verfassung, hier mit Landsgemeinden, dort mit Referendum, dort nur mit Veto

Bildung, Frieden und gemüthliches Zusammensein unter einander fördern wollen, sich vor Allem vor päpstlicher Romanzisterei und vor sozialdemokratischen Weltverbesserern hüten sollen.

Der nationalschweizerische Arbeiterbund „Grütliverein".

Besonders hat sich das Bewußtsein der schweizerischen Arbeiter entwickelt, weil dieselben sich nicht dazu mißbrauchen lassen, gegen Mitmenschen zu fechten und ihre republikanischen Ansichten monarchisch gesinnten Bevölkerungen aufzudringen und weil sie sich in ihrer vaterländischen Gesinnung durchaus einig fühlen. Der schweizerische Grütliverein ist ein großer nationaler Arbeiterbund mit mehr als 80 über die ganze Schweiz zerstreuten Sektionen und mehreren tausend Mitgliedern, welcher im Jahre 1838 begründet wurde und unter dem Vereinsmotto: „Volksbildung ist Volksbefreiung!" unter den arbeitenden Klassen bessere Kenntnisse, edlere Unterhaltung und patriotischen Sinn zu verbreiten sucht und nun schon seit mehr als einem Menschenalter über 30,000 Bürger mehr oder minder gebildet, für Besseres empfänglich gemacht und veredelt hat. Eigenthümlich ist es, daß ein Deutscher, Albert Galeer (1816 im badischen Marktflecken Kork geboren, 1830 durch die Familie in Genf eingebürgert, und 1851 gestorben), bereits im Jahre 1841 Präsident und die Seele dieses jungen, echt schweizerischen Arbeiterbundes wurde. Als solcher gab er 1849 die erste gemeinsame Vereinsschrift heraus „Der moralische Volksbund und die freie schweizerische Männerschule oder der Grütliverein".

Der Grütliverein hat eine geschlossene Organisation. Jede Sektion liefert dem Centralvorstand halbjährlichen Bericht über die Zahl, Abgang und Zugang ihrer Mitglieder, über das Vereinsvermögen, über den Bestand der Bibliothek und Zeitungen, über die innere Thätigkeit der Sektion, namentlich über die gehaltenen Sitzungen und Diskussionen, über den ertheilten Unterricht und endlich auch über den Geist der Sektionen, über Fortschritte und Rückschritte, über die in der Sektion bestehenden Institutionen, die erheblichen Ereignisse und über das Verhältniß der Sektion zu Behörden und Bevölkerung.

Die uns gestattete freundliche Einsicht in das große Protokollbuch des Grütlivereins mit den Halbjahresberichten vom 1. Januar bis 30. Oktober 1871 hat uns mit dem inneren Leben von mehr als 60 Sektionen bekannt gemacht und uns überzeugt, daß die Mehrzahl dieser Sektionen, wenn auch mit wechselnden Erfolgen und unter sehr verschiedenartiger Leitung, doch im Ganzen aufrichtig bestrebt ist, ihrem Motto Ehre zu machen und durch Volksbildung nach dem Ziele der Volksbefreiung zu streben.

Die meisten Sektionen suchen durch guten Lesestoff, regelmäßigen Unterricht, fleißige Diskussion ihre Mitglieder geistig anzuregen, sie durch Turn-, Schach- und Gesangübungen, durch theatralische Aufführungen, Ausflüge, Fahnenweihen rc. zu unterhalten und auch ihre wirthschaftliche Lage durch Hülfs- und Sparkassen, durch gemeinsame Speisegesellschaften, durch Kranken- und Unterstützungskassen zu verbessern. — Viele Sektionen haben ihre Sparkassen sogar obligatorisch gemacht und sprechen sich darüber sehr befriedigt aus. — Der politische Einfluß ist, wie die meisten Sektionen offen anerkennen, nur ein geringer. Am regsten ist das Leben da, wo sich ältere seßhafte Bürger und überhaupt auch Fabrikarbeiter lebhaft mit betheiligen. Das immerwährende Zu- und Wegziehen verhindert den gleichmäßigen und dauernden Bestand. Die Sektionsvorstände gewerbreicher Orte klagen einstimmig, sie müßten monatlich „von vorn anfangen.“

Ueberraschend ist die Theilnahme in manchen kleinen Orten. In einer Gemeinde von 400 Seelen übersteigt die Mitgliederzahl des Grütlivereins 70. Der Vorstand bemerkt dazu: „Für Einmal wohl war der Grund der gute Klang, den der Name „Grütliverein“ bei jedem wahrhaft freisinnigen Schweizerbürger hat, der Viele anzog, bei Andern war es überhaupt der Drang zur Geselligkeit, der zum Eintritt bestimmte.“ In jener Gemeinde betheiligte sich der Grütlianer auch am politischen Leben durch Aufstellung einer eigenen Wahlliste, aber ohne Erfolg. — In [illegible] trat die ganze dortige Musikgesellschaft dem Verein bei und der Vorstand bemerkt: „Es ist dieser Fall, daß an einem sonst noch ziemlich der guten alten Zeit angehörenden Ort eine ganze Gesellschaft unserem Vereine beitritt ein sicheres Zeichen, daß auch hier wie überall in unserem engern und weitern Vaterlande der angeborene Kastengeist dem Geist der Zusammengehörigkeit weichen muß, und daß sich, wenn auch langsam, doch je länger je mehr, in allen Schichten der Bevölkerung das Bedürfniß des Fortschrittes, der Volksbildung und der allgemeinen Verbrüderung geltend macht.“ — In einer anderen Gemeinde hat sich die Lesegesellschaft des Orts mit dem Grütliverein vereinigt und hält das Lokal gemeinschaftlich. Verschiedene Sektionen klagen über den Schaden, den ihnen der „amerikanische Krieg“ zugefügt habe. — Einige Grütlivereine stehen in freundschaftlicher Beziehung zu den deutschen Arbeiterbildungsvereinen, andere nicht. Eine Sektion berichtet aber

Vereinslebens schneller und lehrreicher als langathmige Raisonnements über alle möglichen sozialpolitischen Weltverbesserungspläne. Der Arbeiterstand steht seit geraumer Zeit mitten im Kampfe um eine bessere soziale Lebensstellung, aber die besseren Elemente wissen schon längst, daß es nur langsam vorwärts zu gehen pflegt und daß der zeitweilig herunterrollende Stein des Fortschritts immer von Neuem durch rüstige Hände bergan geschafft werden muß, damit eben ein genußreicher Ausblick die Mühe lohne. Viele Ungebildete und Halbgebildete oder noch schlimmer Verbildete treten in diese Arbeitervereine ein, es machen sich im inneren Getriebe viele Eifersüchteleien und Leidenschaften geltend und zeitweilig gerathen ganze Vereine, denen es an festen Charakteren fehlt, auf Abwege und in eine ganz lächerliche Ueberschätzung ihrer politischen Macht und sozialdemokratischen Bedeutung. Aber Jeder, der sich in das Volksleben und seine Entwicklung vertieft, entdeckt doch auch unter Spreu und Schlacken viel gesundes Korn und gediegenes Gold und gewahrt mitten unter allerlei Enttäuschungen und sich aufthürmenden Schwierigkeiten eine gewaltige Energie und Zähigkeit des Volksgeistes, welche sich nicht scheut, immer wieder von Neuem anzufangen. Es bleibt nur zu bedauern, daß sich die mittleren und höheren Klassen der Bevölkerung an vielen Orten von diesen Bestrebungen zur Erhöhung der Volksbildung vornehm abwenden und solche Vereine so wenig durch eigene persönliche Theilnahme, durch Beiträge zu Bibliotheken und Lesehallen, sowie durch Wort und Schrift unterstützen. Für den Arbeiterstand selbst ist es eine Lebensfrage, daß er seinerseits nicht etwa dazu beitrage, die sog. Kluft der verschiedenen Stände zu erweitern, daß er sich nicht von ehrgeizigen Volksverführern isoliren und in einen Gegensatz der Arbeit gegen das Kapital hineinhetzen lasse, sondern sich vielmehr an höhergebildete und insbesondere an gereiftere Handwerker und Bürger, welche früher ebenfalls Arbeiter waren, anzulehnen suche.

Was speziell den schweizerischen Grütliverein anlangt, so geht aus den Berichten der Sektionen mit Sicherheit hervor, daß das Gedeihen dieses schönen eidgenössischen Bundes auf der Einigkeit aller Volksklassen und auf dem Einflusse der älteren, erfahrenen, ruhigern ansässigen Mitglieder beruht, denn wiederholt bezeugen die Vorstände, „daß bei dem starken Wechsel der jüngeren Mitglieder die älteren Mitglieder an manchen Orten nur mit Aufopferung den Bestand aufrecht erhalten können“ und „daß es für junge unerfahrene Mitglieder sehr nützlich sei, wenn auch ältere erfahrene Mitglieder sich betheiligen.

die ihnen einen rechten Begriff vom Vereinsleben beibringen können“ und die auch mit der Bevölkerung und den Behörden in Frieden leben wollen. — Am beherzigenswerthesten erscheint endlich die Warnung einer der größten Zeitungen „nicht nach den politischen Pfeifen einiger Herren zu tanzen, sondern die geistigen und materiellen Kräfte auf dem sozialen Gebiete zu verwenden“.

Es herrscht in unserer politisch so mächtig angeregten und staatlich sich erneuernden Gegenwart vielfach die Tendenz, die Volksbildung einseitig durch politische Bildung und Gesinnung zu verwirklichen. Ganz besonders laufen die schweizerischen Demokratien Gefahr, in Parteipolitik und in politischem Klub- und Vereinsleben aufzugehen.

Wir dürfen jedoch in der Beschäftigung mit der Politik und dem großen Staatsleben nicht die Gesammtheit des menschlichen Schaffens und Strebens erblicken.

Unsere Zeit mit ihren vielseitigen menschlichen und Kultur-Interessen unterscheidet sich von früheren Epochen der Geschichte dadurch, daß der Mensch nicht mehr vorwiegend im Staate aufgeht, wie in den entwickeltsten Demokratien des Alterthums und auch nicht mehr mit einem besondern Stande sein Dasein aufs Engste verknüpft, wie es zum Theil im Mittelalter der Fall war.

Wir schätzen nicht minder hoch die individuelle Entwicklung der Personen und Familien, die Betheiligung am Gemeindeleben, an der Schule und Kirche und an zahlreichen ganz unpolitischen öffentlichen und Privat-Vereinen; wir finden es nicht tadeln, daß die Berufsehre und die geschäftliche Ehre dem Gelehrten, dem Kaufmann, Fabrikanten, Handwerker und Landwirth und Arbeiter obenansteht, ehe er nach politischer Reputation geizt, wir finden es sehr begreiflich, daß die angesehene Stellung an der Börse und die Beherrschung eines weitumfassenden, die ganze Welt umspannenden Wirthschaftskreises den Ehrgeiz eines Mannes vollauf befriedigen kann; wir schätzen nicht bloß unsere nationalen, sondern auch die kosmopolitischen und allgemein menschlichen Fortschritte, wir lieben das Reisen, den Natur- und Kunstgenuß, die Beobachtung des Völkerlebens, die wissenschaftliche, ästhetische, gesellschaftliche Anregung. Kurz wir sehen überall eine Fülle von außerpolitischen Bildungs- und Unterhaltungszwecken, für welche man den Arbeiter ebenfalls empfänglich machen sollte. Wer sich den Tag über körperlich angestrengt hat, bedarf am Abend und des Sonntags vor Allem der Erfrischung und Erbauung des Geistes und Gemüthes, der gesellschaftlichen Unterhaltung und Erhaltung, des Turnens und Gesanges, der Aufnahme neuer Eindrücke und der Kenntnis der Weltbegebenheiten, der Freude an Natur und Kunst und einer Pflege der schönen Menschlichkeit. Alle diese friedlichen Genüsse bringen den Arbeiter jedenfalls weiter vorwärts als politische Aufregung und Kannegießerei.

Man gönne immerhin auch dem Arbeiter den menschenwürdigen Luxus, Patriot zu werden und die Befriedigung darüber, daß er in Gemeinde und Staat ebensoviel zu sagen hat als der Reichste und Gebildetste; aber man lehre ihn, auch eine heiße Sehnsucht nach andern Lebensgütern und Lebensgenüssen zu empfinden. Die Arbeiter aber sollten angesichts der realen Unmöglichkeit, in ihrer Stellung als Arbeiter Staat und Welt zu beherrschen, die politischen Phrasenhelden als ihre schlimmsten Feinde und Verderber selbst entlarven und sich vertrauensvoll an alle Höhergebildeten anschließen, welche ihnen überhaupt zum Erwerb höherer Bildung und edler Unterhaltung behilflich sein wollen, mögen sie noch so verschiedenartige politische oder kirchliche Ueberzeugungen haben.

Die schweizerischen Grütlivereine sind eine Institution, die ganz geschaffen ist, in der angegebenen Richtung zu wirken. Im deutschen Reiche sollte man bemüht sein, ähnliche nationale und vaterländische Arbeitervereine zu bilden, welche alle Klassen der Bevölkerung in dem Streben vereinigen, durch Volksbildung nach Volksbefreiung zu ringen!

V. Die Stellung und Aufgabe der Unternehmer in der Arbeiterfrage.

Für die Unternehmer ist die Arbeiterfrage vorzugsweise eine Gewissensfrage. Obwohl viele Beschwerden der Arbeiter in den erklärlichen Schranken der Dinge wurzeln, und keineswegs von den Arbeitgebern allein beseitigt werden können, so sehen sich die Arbeiter mit ihrem Wohl und Wehe doch vor Allem auf die Unternehmer angewiesen und sowohl derselben ihrer Verantwortlichkeit nicht genügen, werden sie dazu mit, daß die Arbeiter auch für unberechtigte und übertriebene Forderungen empfänglich werden.

Die Ausbildung der Fabrikanten war bisher vorwiegend eine technische, den Stoffen und todten Triebkräften der Natur zugewendet, während man die lebendigen Arbeitskräfte und die wirthschaftliche Ausbildung d. i. die Erforschung der im Wesen des Menschen begründeten Gesetze des Verkehrslebens mehr vernachlässigt hat. — Erst in neuerer Zeit lernt man in Folge der Arbeiterbewegungen über das Verhältniß der Unternehmer zu den Arbeitern, über die zweckmäßigsten Lohnsysteme, über den Antheil von Kapital und Arbeit an der Production, über Arbeiterorganisationen, Gewinnvertheilung, Hülfskassen, Versicherung, Wochenarbeiten c. schärfer nachdenken. Dabei kommt man immer mehr zu dem Vorteile, daß sich Unternehmer und Arbeiter als Mitarbeiter zu betrachten haben, welche zu den gleichen geistigen und sittlichen Lebenszielen berufen sind, und daß dasjenige, was beide Theile verbindet, ein gegenseitiges Dienen sein soll.

kampfes aus feindlichen Gesinnungen und zu feindlichen Zwecken für das Wohl der Arbeiter gegründet werden.

Der deutsche Geist hat bereits den Beweis geliefert, daß er nach erlangter staatlicher Sicherheit gegen Außen nun auch entschlossen ist, die höchsten Güter unserer Freiheit zu erkämpfen und gegen den Jesuitismus der „Schwarzen" auf der einen Seite wie gegen die Wühlereien der „Rothen" auf der anderen Seite mit den Waffen des Geistes und mit vollbewußten besonnenen Reformen kräftig aufzutreten.

Die Anregung dazu ist aber nicht von den Regierungen, sondern von unten her aus der Tiefe des germanischen Volksgeistes ergangen. Die Bewegung ist ein Ausfluß volksthümlicher Selbstregierung und Selbsthülfe und das Ziel ist Selbstbefreiung aus den Banden politischer Herrschsucht über die Gewissen und kommunistischer Herrschsucht über Arbeit und Kapital. In diesem Kampfe sehen wir Deutsche und Schweizer bereits als neue Bundesgenossen vereint und gerade schweizerische Patrioten kämpfen mit in erster Reihe unter den Anregern und Leitern des ganzen Unternehmens.

Schon im Juni 1870 waren in Bonn Großindustrielle aus Deutschland, aus der Schweiz und dem Elsaß zusammengetreten, um sich über ein gemeinsames Handeln auf dem Gebiete der Arbeiterfrage zu verständigen. Diese Bonner Versammlung, bestehend aus 91, durch Stellung, Einsicht und guten Willen hervorragenden Männern, begründete einen Verein, nicht gegen, sondern für die Arbeiter, den sie auf folgenden drei Grundgedanken aufbauen will: 1) daß in der Arbeiterfrage an die gesammte heutige Gesellschaft, insbesondere der besitzenden und gebildeten Klassen eine Aufgabe gestellt ist, deren Lösung nicht nur durch das eigene Interesse, sondern eben so sehr und in erster Linie durch Pflicht und Gewissen geboten wird; 2) daß die Lösung nicht allein durch materielle, vielmehr nur mit Hülfe moralischer Kräfte und Mittel herbeizuführen ist, 3) daß es zur Erreichung des Zieles wie in allen großen Angelegenheiten, so auch in dieser, einer Vereinigung der Kräfte, und eines Arbeitens auf gemeinsamer Grundlage und nach gemeinsamen Richtpunkten hin bedarf.

Die bei Ausbruch des Krieges verzögerten Bestrebungen wurden bald nach dem Frieden wieder aufgenommen und sind seit October 1871 durch ein neues publizistisches Organ unter dem Titel „Concordia" Zeitschrift für die Arbeiterfrage" in würdiger Weise öffentlich hervorgetreten.

Diese von einem gediegenen und ernsten Publizisten, L. Nagel in Berlin redigirte Zeitschrift ist vor Allem bemüht, in den Industriellen das ethische Verantwortlichkeitsgefühl für das Loos ihrer Arbeiter zu wecken, worin jedenfalls eines der wirksamsten Mittel zur Lösung der Arbeiterfrage liegt; denn gefährlicher als die professionellen Wühler und Verführer des Arbeiterstandes sind für die Unternehmer alle gewissenlosen Arbeitgeber, welche ihren Arbeitern Stoff zu gerechten Beschwerden geben.

Die Redaktion hat ihre Aufgabe aber nicht in doktrinärem und schulmeisterlichem, sondern in praktischem Sinne aufgefaßt, indem sie hauptsächlich bestrebt sein will, die bereits bestehenden Einrichtungen und Maßregeln zu Gunsten der Arbeiter in das Licht zu setzen und zu würdigen, wie z. B. die verschiedenen Spar- und Hülfskassensysteme, die Altersversorgung der Arbeiter, die Konsumvereine, Baugenossenschaften für Beschaffung guter Arbeiterwohnungen, die Sorge für Erziehung der Arbeiterkinder, ferner für die sittliche Bewachung der in den Fabriken beschäftigten Mädchen und ihre Anleitung zur Haus- und Handarbeit, die Fortbildungsanstalten für die jugendlichen und erwachsenen Arbeiter, die Arbeiter- oder Volksbibliotheken. Besondere Beachtung will sie allen Vorschlägen zuwenden, welche dem Arbeiter eine geordnete und anmuthende Häuslichkeit als die Grundbedingung alles sittlichen und wirthschaftlichen Gedeihens, verschaffen wollen. Nicht minder sollen die Lohnverhältnisse, der Gruppenakkord, die Partnerships, die Produktiv-Genossenschaften, die gewerblichen Schiedsgerichte, die soziale Gesetzgebung der verschiedenen Länder und die soziale Literatur und Presse, sowie die Statistik der Arbeiterverhältnisse aufmerksam berücksichtigt werden. — Man sieht, daß hier Aufgaben und Bestrebungen vorliegen, welche das Erscheinen einer besonderen neuen Zeitschrift zur Genüge rechtfertigen und von Seiten der Geschäftswelt überall gefördert zu werden verdienen.

Als Beweis, daß die Arbeiter die Bonner Bestrebungen und die Absichten der Concordia wohl zu würdigen wissen, führen wir folgendes Urtheil der in Zürich erscheinenden Arbeiter-Zeitung vom 23. September 1871 an, welche damals schrieb:

„Unsere „Arbeiterzeitung" hat alle Ursache, die Bestrebungen der Arbeitgeber aufmerksam zu verfolgen, denn wir halten den „Frieden zwischen Arbeitern und Unternehmern" für den normalen erstrebenswerthen Zustand und sind der Ansicht, daß diejenigen, welche den Krieg gegen das Kapital als Losungswort ausgeben und die Arbeiter als eine besondere untergeordnete Klasse der bürgerlichen Gesellschaft hinstellen, nur am Ruin der gemeinsamen Wohlfahrt, wenn auch vielfach unbewußt, arbeiten. Gegenüber den Unternehmerverbindungen halten wir die Arbeiterverbindungen für unentbehrliche Mittel, um mit den Arbeitgebern auf günstigerem Fuße zu unterhandeln, und um für unsere Arbeit angemessene Preise zu erhalten, aber wir wollen die Interessen des Arbeiterstandes nicht leidenschaftlich, sondern geschäftlich und nüchtern behandeln. Die Arbeitseinstellung ist für die Arbeiter nur das äußerste Mittel, wie der Krieg für einen weise regierten Staat. Ehe man zu diesem äußersten Mittel greift, soll man sich die Sache nach allen Seiten hin auf das reiflichste überlegen und soll sich namentlich nicht blindlings in den Kampf hineinstürzen, ohne für die materiellen Hülfsmittel, d. h. für den Unterhalt der feiernden Arbeiter vorher durch Gründung und Beisteuern für Gewerkschaftskassen gesorgt zu haben. Es ist ein Frevel am Wohle des Arbeiterstandes, den sich auch gewöhnlich nur Agitatoren von Profession, die gar nicht mehr praktisch arbeiten, zu Schulden kommen lassen, wenn man den Krieg als solchen predigt und sich nicht bemüht, günstigere Bedingungen lieber durch gemeinsame Verständigung mit den Arbeitgebern zu erreichen.

Wir heißen daher die „Concordia" willkommen, sobald sie ihr Programm aufrichtig durchführt und namentlich die Arbeitgeber an ihre sozialen Pflichten gegen ihre Arbeiter unablässig mahnt."

Die in dem Vorstande der Bonner Conferenz vertretenen Schweizer haben im October 1871 eine ganz besondere schweizerische Conferenz, die Arbeiterfrage betreffend, veranstaltet, welche Männer aus fast allen industriellen Kantonen, meist Industrielle, zu dem Zwecke vereinigte, um in der Schweiz ein allseitiges Interesse für die Bonner Bestrebungen zu erwecken. Wie sehr ihr dies bisher gelungen ist und welch lebhaftes Interesse man in der Schweiz diesen friedlichen Bestrebungen entgegen bringt, davon zeugt die uns jüngst mitgetheilte Thatsache, daß von etwa 900 Abonnenten der „Concordia" 5—600 auf Deutschland und über 300 auf die Schweiz kommen. Man hat in der Schweiz keine „starken" Regierungen, auf welche so viele deutsche Arbeitgeber ihr einziges Vertrauen setzen. Die Schweiz muß sich in der socialdemokratischen Bewegung dieser Tage auf die friedlichen Waffen der Freiheit, Bildung, Gemeinnützigkeit, auf Achtung vor Gesetz, Recht und Eigenthum, auf die sittliche Kraft, auf gegenseitige Verständigung, und vor Allem auf den praktischen Sinn und gesunden Menschenverstand der Bevölkerung stützen und sie hat nicht nur auf politischem Gebiete als Versuchsfeld für alle möglichen republikanischen Verfassungsideale und demokratischen Volksbeherrschungsideen, sondern auch auf dem sozialen Gebiete eine besonders wichtige Mission.

Die Art und Weise, wie ein Verein schweizerischer Großindustriellen, welcher auch mehrere aus dem Arbeiterstand selbst hervorgegangene Fabrikanten zu seinen Mitgliedern zählt, seine Aufgabe in der Arbeiterfrage auffaßt, darf daher auch über die Grenzen der Schweiz hinaus Beachtung beanspruchen. Man war allseitig einverstanden, daß die Aufgabe der Unternehmer in der Arbeiterfrage darin bestehe, mit der sozialen Reform bei sich selbst anzufangen, durch das Beispiel der eigenen Thätigkeit und Genügsamkeit, sowie durch rege Theilnahme an den Vereins- und Fortbildungsbestrebungen der Arbeiter den sozialen Fortschritt zu fördern und namentlich auch bessere persönliche Beziehungen zu den Arbeitern zu pflegen. Man verhehlte sich nicht, daß die öffentliche Meinung durchaus nicht mehr wie früher nur für die Fabrikanten Partei nehme, sondern die tiefere Berechtigung der sozialen Bewegung anerkenne. Man werde hart zu urtheilen über Arbeiter, die mit der Noth des Lebens kämpfen und so viele unnütze und unsittliche Verschwendung neben sich beobachten. Die ganze moderne Gesellschaft leide an dem Uebel des Materialismus, welches man so gern dem Arbeiter aufbürde. „Eine Reaktion gegen diese Anbetung der Materie könne nicht ausbleiben. Die Erziehung müsse eine andere werden. Aber der Fabrikantenstand solle damit nicht auf den Staat warten, sondern eingedenk des Spruches: „Wie der Herr, so der Knecht" mit sich selbst anfangen. Der Arbeiter wolle auch im Angesichte des Herrn den Schweiß sehen. Wenn derselbe nicht mitschaffe, sondern den Ertrag der gemeinsamen Arbeit zur Ergötzung verschwende, so rege sich im Arbeiterstande Neid und Feindschaft gegen die ganze Ordnung des Erwerbslebens. Man verurtheile dann das Eigenthum, diese Frucht der Arbeit und vorsorgenden Entsagung, anstatt den Mißbrauch der erworbenen und ersparten Güter zu bekämpfen."

Ferner wurde bemerkt, daß die Noth den Blick des Arbeiters vielfach verwirre und ihn deshalb so gern auf unklare Sozialisten und Volksverführer hören lasse, und daß der Fabrikant dagegen gerade in der ihm angewiesenen verantwortlichen Stellung über den Arbeitern auch eine doppelte Verpflichtung fühlen müsse, nicht

bloß sein Geschäft, sondern auch den Arbeiter mit zu heben,
mit einem Worte am Herz für die Arbeiter zu haben und durch
sein Beispiel, durch seine sittliche Haltung den Herrn den Sinn für
Eintrachtigkeit und für die Liebe zur Arbeit zu wecken. „Der Fabrikant
so argumentirte man, könne, wenn er sich nicht bloß auf den Boden
des Rechtes und Vertrages stellt, sondern Gemeinsinn und guten
Willen zeige, manche Unebenheiten ausgleichen und viele Gefahren
abwenden, welche der industriellen Entwicklung aus den Kämpfen
zwischen Arbeit und Kapital erwachsen. Dieser gute Wille der Arbeitgeber und ihr Frieden mit den Arbeitern sei vor Allem in Republiken mit demokratischem Charakter nöthig, welche von Seiten des
Heer haben und nur durch Eintracht und das Gefühl der Zusammengehörigkeit aufrecht erhalten werden können."

Die Berathungen dieser schweizerischen Industriellen führten in
ihrem Gesammtergebniß zu einem Anschluß an die Bonner Bestrebungen, wobei man sich jedoch vor jeder kirchlichen Tendenzpolitik
verwahrte, und darin einig war, daß man nach keiner bestimmten
dogmatischen oder confessionellen Richtung fragen dürfe, sondern alle
Mitarbeiter willkommen heißen müsse, welche nur überhaupt mit
humanen Principien für das Wohl der Arbeiter wahrhaften und
thätigen Ernst machen. In diesem Sinne übernahmen alle Theilnehmer der Versammlung des Mandat in ihren Kreisen für die be-
sprochenen Grundsätze und sozialen Reformen zu wirken, die Zeitschrift Concordia auch in der Schweiz verbreiten zu helfen und die
erforderlichen Anregungen und thatsächlichen Mittheilungen über Ar-
beitszustände und über die in der Schweiz bestehenden Einrichtungen und Maßregeln zu Gunsten der Arbeiter zu machen.

Der ausgestreute Same ist nicht auf unfruchtbaren Boden ge-
fallen. Seit October 1871 sind auf dem Gebiet der Arbeiterfrage
in der Schweiz eine Reihe neuer praktischer Versuche gemacht worden, welche zwar meist aus der eigenen Initiative einzelner Unternehmer hervorgegangen sind, aber theilweise nur durch ein Zusammenwirken einer größeren Anzahl von Unternehmern durchgeführt
werden konnten und sämmtlich von einer Art Solidaritätsbewußtsein und
von übertragenem Verantwortlichkeitsgefühl der Unternehmer getragen
zu sein scheinen.

Im Dezember 1871 haben die schweizerischen Maschinenfabrikanten, wie schon erwähnt, ganz freiwillig, die Herabsetzung der Arbeitszeit auf 10½ Stunden täglich beschlossen. Der Bau von Arbeiterwohnungen ist an vielen Orten thätig in die Hand genommen

worden. Auch große Koft- und Logishäuser für fremde Arbeiter werden gebaut, Fabrikküchen sind errichtet, Volksbäder sind geliefert worden. Große Fabrikanten sind mit Produktivgenossenschaften in Verbindung getreten, um dieselben selbst zu beschäftigen und an sie größere Arbeiten zu veranstalten. Bedeutende freiwillige Beiträge an die Hülfskassen der Arbeiter sind geleistet worden. Gemeinsame Weihnachtsfeste mit den Arbeiterfamilien sind von den Unternehmern veranstaltet worden. Gemeinnützige Gesellschaften und staatliche volkswirthschaftliche Bureaur haben sich eingehende Untersuchungen und Verhandlungen über die Arbeiterzustände unterzogen, wozu verschiedene Großindustrielle selbst werthvolle Beiträge geliefert haben. In einer Reihe von Fabriken sind Versuche mit der Betheiligung der Arbeiter am Gewinne oder am Geschäfte gemacht worden, worüber im nächsten Abschnitt berichtet werden soll. Kurz überall zeigt sich ein reges freiwilliges Schaffen und Verbessern, und Dank dieser Reformen, Dank aber vor allem dem allgemeinen Aufblühen der Industrie verstummen auch allmählich die Klagen gegen das Kapital und werden die sozialdemokratischen Mißlehren unmerklich überwunden. —

In den Berathungen jener schweizerischen Unternehmer-Konferenz tauchte auch der Vorschlag auf, entweder einen allgemein schweizerischen oder lokale Unternehmerbureaux zu gründen, um das Verhältniß zwischen Arbeitgebern und Arbeitnehmern in beiderseitigem Interesse zur Herstellung beiderseitiger Befriedigung zu regeln. Ein solcher Verein solle namentlich folgende Punkte ins Auge fassen:

1) Die allgemeine Einführung und die Form beiderseits sicherstellender Arbeits-Contracte. 2) Die Regelung der Arbeitszeit, der Nachtarbeit, der Frauenarbeit. 3) Die Beschäftigung von Frauen und jugendlichen Arbeitern in industriellen Unternehmungen. 4) Die vortheilhaftesten Lohn- und Zahlungsformen. 5) Die Einrichtungen zur Förderung der Gesundheit und Sicherheit der Arbeiter, Die Unfallversicherung, die Einrichtung von Kranken-, Invaliden- und Altersversorgungskassen. 6) Die Einrichtungen zur Beförderung der Sittlichkeit der Fabrikarbeiter und zur Vorsicht gegen sittliche Schäden 7) Die Wohnungsverhältnisse der Angestellten und Arbeiter. 8) Die Einrichtungen zur Beförderung der Sparsamkeit der Arbeiter. 9) Die Einrichtung von Schiedsgerichten zur Schlichtung der Streitigkeiten der Arbeiter mit ihren Principalen oder mit den Untergestellten.

Der Schriftführer des Vereins solle die Verpflichtung überneh-

den Erben des Spinners Kunz zu diesem Zweck geschenkten 50,000 Franken, b) aus den jährlichen Beiträgen der Vereinsmitglieder, c) aus allfälligen freiwilligen Geschenken oder Legaten. — Die dem Vereine beigetretenen Spinnerei- und Webereibesitzer müssen sich auf die Dauer von je 3 Jahren verpflichten, 1 Centime von jeder Spindel und 25 Cent. von jedem Webstuhl jährlich als Beiträge zu dieser Kasse einzuzahlen.

„Der Verein macht es sich zur Aufgabe, den Spinnern und Webern eine Unterstützung zukommen zu lassen, wenn sie a) durch Maschinen, Transmissionen oder sonst im Dienste der Fabrik eines Mitgliedes des Vereins verunglückt und dadurch ganz oder auch nur theilweise erwerbsunfähig geworden sind oder b) wenn sie das 60. Altersjahr zurückgelegt haben und durch gute Zeugnisse nachweisen, daß sie während wenigstens 25 Jahren in einer oder in mehreren Fabriken des Kantons Zürich gearbeitet haben.“ Diese Kasse hat durch Vertheilung von jährlich 3—4000 Franken an verunglückte oder unfähige Arbeiter schon viel Gutes gestiftet.

Wie segensreich Unternehmerwerke, die auf voller Freisinnigkeit beruhen, wirken können, beweist die Geschichte der „Société industrielle“ von Mülhausen, welche aus dem Geiste echt germanischer Geschäftigkeit und Geschäftsverwaltung entstanden ist und mit einer Zahl von beinahe 500 Mitgliedern und einem aus freiwilligen Beiträgen fließenden Jahreseinkommen von ca. 30,000 Fr. sich nicht nur ein eigenes Gebäude, ein großes Museum, eine große und werthvolle Bibliothek, ein Verwaltungsbureau mit wissenschaftlich gebildeten Sekretären, sondern auch eine Zeichenschule, eine Web- und Spinnschule, eine Handelsschule, eine Kassen- und Fabrik-Bibliothek, einen Verein zur Verhütung von Unglücksfällen, einen Verein zur Prüfung und Kontrole der Dampfkessel, einen Verein zur Beschaffung guter und billiger Arbeiterwohnungen und andere Unternehmungen geschaffen hat, wodurch der technische und wirthschaftliche Fortschritt aller theilnehmenden Fabrikanten und ihrer Arbeiter in eminenter Weise gefördert worden ist.

Die Erfolge der Mülhausener industriellen Gesellschaft haben auch an andern Orten die Bildung von **Unternehmer-Vereinen** veranlaßt.

Im November 1860 gründeten Geschäftsleute aus Mainz, Worms, Wiesbaden, Frankfurt a. M., Mannheim, Offenbach und andern Plätzen einen „**mitelrheinischen Fabrikanten-Verein**“, dessen Mitgliederzahl sich schon im ersten Jahre von 50 auf ca. 150 steigerte, und der in seinen alsdann stattfindenden Versammlungen, sowie durch seine in monatlichen Lieferungen erscheinenden und zunächst nur für die Vereinsmitglieder bestimmten „Mittheilungen für den mittelrheinischen Fabrikanten-Verein", herausgegeben von dem Vereinsvorstand, schon zur Genüge gezeigt hat, welch reiches Material von gemeinsamem Interesse in allen Industriegegenden vorliegt und der gemeinschaftlichen Bearbeitung harrt.

Die von dem rührigen, volkswirthschaftlich gebildeten Sekretär des mittelrheinischen Fabrikanten-Vereins, Schulz in Mainz, angestellten Enquêten und darüber abgefassten Berichte geben allen Unternehmern werthvolle Winke und Vorschläge für ihr Verhalten in der Arbeiterfrage. Einer der letzten und vorliegenden Berichte vom Herbst 1871 betont sehr richtig die in Betreff der Wohnung, Nahrung, Kleidung und Lektüre der Arbeiter sowie in Betreff der Fabrikordnungen empfehlenswerthen Maßregeln.

Die darin enthaltenen Mittheilungen über die am Mittelrhein hinsichtlich der Zahlungsfristen gemachten Erfahrungen können auch von der Schweiz aus in jeder Hinsicht nur bestätigt werden.

„Es ist schwerlich zweckmäßig, sehr lange, etwa vierteljährliche Zahlfristen zu haben, und insbesondere der Meinung, daß die beibehaltenere Summe einen geringeren Antrieb zu leichtsinniger Verausgabung in sich schließe, dürfte eine irrige sein; die Erfahrung scheint vielmehr ein leichtsinnigeres Wirthschaften mit größeren, scheinbar unerschöpflichen Beträgen darzuthun, und gerade das Borgen, zu dem der Arbeiter durch lange Zahlfristen förmlich gezwungen ist, bildet je einen Hauptschaden seiner wirthschaftlichen Verhältnisse. Auch ist es bei langen Zahlfristen unvermeidlich, dem Arbeiter Vorschüsse zu bewilligen, was an sich doch gewiß nicht nachahmenswerth ist und wirthschaftlich demoralisirend wirkt. Ebenso wenig dürfen freilich die Zahlfristen allzu kurz sein, da die erhobenen Geldbeträge sich sonst zu sehr verzetteln und größere Zahlungen nie gehäuft werden können. Aus demselben Grunde ist es verwerflich, dem Arbeiter fortwährend durch kleine Abschlagszahlungen (auf Wunsch) etwas Geld in die Hand zu geben. 8—14tägige Zahlfristen dürften die empfehlenswerthesten sein."

Weiter können die Unternehmer untereinander auch durch Errichtung guter Volksbibliotheken und Einrichtung von Lesehallen mit gediegenen Zeitschriften und durch Anstellung von Wanderlehrern

muß, wenn seine Arbeit gar keinen Ertrag, sondern nur Verlust bezeugt, ist bereits in dem Abschnitt über den deutschen Sozialismus (S. 27—28 dieser Schrift) nachgewiesen worden.

Eine ganz andere Beurtheilung und Würdigung verdient 1) die Forderung, den Arbeitern nur einen Antheil am Reinertrage der Arbeit und 2) die noch weitergehende Forderung ihnen auch einen Antheil am Reinertrage des Geschäftes zu gewähren und endlich 3) die am weitesten gehende Forderung, die Arbeiter unmittelbar am Geschäft selbst mitzubetheiligen.

Man muß diese Forderungen durchaus von einander trennen; denn der Ertrag eines Geschäfts ist nur theilweise den Anstrengungen der gewöhnlichen Hand- oder Maschinenarbeit zu verdanken, zum anderen Theile beruht dieser Ertrag auf dem Erfolge der technischen und intellektuellen Arbeit, welche die Zeichnungen und Risse, die Modelle und Muster liefern und jedesmal die Ausführung dieser geistigen Konceptionen vertheilen, organisiren, kontroliren und eventuell korrigiren, und endlich beruht gewöhnlich die Hauptbedingung des Geschäftsertrages auf der kaufmännischen Arbeit der Unternehmer, auf dem guten Einkauf der Rohstoffe, dem guten Verkaufe der fertigen Produkte und überhaupt auf der geschickten Gesammtleitung, durch welche allein manche Missstände beseitigt wurden, ihren Aktionären 20—30 Procent Dividende zu vertheilen, während die Aktionäre einer naheliegenden Fabrik derselben Branche ganz leer ausgingen.

Die meisten Baumwollspinnereien der Schweiz haben von 1863 bis 1870 unter den ungünstigsten Verhältnissen produzirt und nur durch glückliche Spekulationen mit der Baumwolle und mit den fertigen Garnen hier und da leidlich prosperiren können. Viele zehrten lediglich von den Gewinnen früherer Jahre und beschäftigten die Arbeiter nur in der Hoffnung auf bessere Preise oder um die Anlagekosten ihrer Fabriken zu verzinsen. Verschiedene Fabriken wurden 20—30 Procent unter den Anlagekosten verkauft, oder waren dazu vergeblich ausgeboten.

Der Ertrag der eigentlichen Spinnerarbeit war geringer als der Ertrag jeder anderen industriellen Arbeit. Die Durchschnittsrente der Spinnereien in dieser Zeit war etwa 4—5%, an vielen Orten noch viel niedriger, in anderen gleich Null. Erst seit dem Jahre 1871 hat die Baumwollspinnerei wieder einen großen Aufschwung genommen, welcher den Fabrikanten des Fadens für die erlittenen Verluste vielleicht wieder entschädigt. Am meisten gewinnen bei der gegenwärtigen Konjunktur bezogen, welche im Jahre 1869 oder 1870 entstandene Fabriken geerbt haben. Diese glücklichen Unternehmer pflegt man in der Sprache der Sozialisten „Monopolisten" und „Ausbeuter" zu nennen. An die unglücklichen Unternehmer, welche von 1869—1870 arm oder bankrott geworden sind, pflegt man natürlich nicht zu denken. In der ganzen Periode von 1863 bis 1870 würde das Heilmittel „Gewinnbetheiligung" für die schweizerischen Etablissements ein leeres Wort und zur Lösung der Arbeiterfrage absolut unbrauchbar gewesen sein. Noch schlimmer würde in dieser ganzen Zeit das Heilmittel „Geschäftsbetheiligung der für besser" gewirkt haben, welche im Jahre 1863 noch nicht erfunden war. Diejenigen Arbeiter, welche sich auf dem Wege der industriellen Theilhaberschaft (industrial partnership) vor 1863 an schweizerischen Baumwollfabriken mit Aktien betheiligt hätten, würden wohl zum größern Theile ihre Ersparnisse verloren oder eingesetzt haben. Nur ein kleiner energischer Theil, wie die Pioniere von Rochdale mit ihrer Genossenschaftsspinnerei, würde wohl auch diese lange Krisis ausgehalten haben. Die Erfahrung in der Schweiz zeigt, daß nur die mit großen Fonds ausgestatteten alten Firmen im Stande waren, ihre Fabriken in der langen kritischen Zeit zu halten und ihre Arbeiter fortzubeschäftigen. Dieser Besitz größerer Fonds und die Möglichkeit, von früheren Kapitalien zu zehren, würde aber gerade Fabriken nach dem Prinzip der „industriellen Theilhaberschaft" der Arbeiter fehlen.

Aehnliche Erfahrungen wechselnder industrieller Erfolge sind in der Zürcherischen Seidenindustrie gemacht worden. Dieselbe war nach 1848 rasch aufgeblüht und eine im Jahre 1855 von der Seidenindustrie-Gesellschaft angestellte Statistik ergab 108 Stofffabriken, welche mit Lohnarbeitern und 31,863 Seidenarbeitern im Kanton Zürich und den Nachbar-Kantonen mit damals 26,290 Webstühlen, die meist in der Hausindustrie gebraucht wurden. Seit jener Zeit hatte sich die Zahl der Zürcherischen Seidenfabrikationsgeschäfte bis Ende September 1868 auf 73 vermindert.

Der Bürgerkrieg und die Tarifpolitik der Vereinigten Staaten, der Mangel an kaufmännischer Einsicht und Erfahrung bei vielen neuen Firmen, die leichtsinnigen Kreditverschiebungen und messerhaften Konsignationen nach überseeischen Ländern bewirkten den völligen Ruin oder das allmähliche Verschwinden so vieler Seidengeschäfte. Die Krisis erreichte etwa im Jahre 1867 ihren Höhepunkt. Nur die alten soliden, mit großen Fonds ausgestatteten oder neue sehr vorsichtig und geschickt operirende Häuser haben die Krisis der 1860er Jahre glücklich überstanden, die Zahl der Geschäfte hat sogar gegenwärtig die Zahl von 1865 noch lange nicht wieder erreicht. Man pflegt, durch schlimme Erfahrungen belehrt, jetzt in der Regel Seidenstoffe am Platze nur gegen baar zu verkaufen.

Der mit der Seidenindustrie so eng verknüpfte allgemeine Wohlstand des Kantons Zürich hat unter dem Ruin von 20 Procent aller Seidenfabrikationsgeschäfte bei dem Mangel einer Geschäftsbetheiligung der Arbeiter glücklicher Weise nicht gelitten. Die großen und reichen Häuser traten zum Heil des Landes sofort in die Lücken wieder ein und beschäftigen jetzt diejenigen Arbeiter, welche früher andern minder glücklichen Unternehmern dienten. Dank der Konkurrenz der Unternehmer, welche sich die mangelnden Arbeiter einander abzujagen suchen, sind die Löhne in der Seidenindustrie seit 1871 um 20—30 Procent gestiegen.

Die im Vorstehenden mitgetheilte Geschichte der Züricher Baumwollen- und Seiden-Industrie in den letzten Jahrzehnten soll als Beweis dienen, daß die Gewinnbetheiligung und Geschäftsbetheiligung der Arbeiter nicht etwa als ein absolutes Princip oder Universalmittel zur Lösung der Arbeiterfrage und zur Beseitigung des Nothstandes dienen kann. Es soll jedoch nicht geleugnet werden, daß solche Betheiligungen je nach Umständen sich hier und da zweckmäßig einführen lassen und daß sie zu den verschiedenen einzelnen Mitteln gehören, um eine möglichst gerechte Ausgleichung von Verdienst und Glück herbeizuführen, oder um den Arbeitern auch zum Mitgenusse der glücklichen Chancen der unternehmenden Produktion zu verhelfen.

Die Theorie kann sich über jeden praktischen Versuch in dieser Richtung nur freuen und wird erst aus einer Reihe von beobachteten Fällen und Erfahrungen der verschiedensten Geschäftszweige gewisse Gesetze und Rathschläge für die Praxis formuliren dürfen. Die Unternehmer sind berufen, als Pioniere zu dienen und die für ihr specielles Gewerbe auch besonders geeigneten Methoden der Lohnzahlung und einer allseitig gerechten Behandlung der Arbeiter ausfindig zu machen. Ein Hauptberuf der Volkswirthe ist es, die auf diesem Gebiete gemachten Erfahrungen und gewissen Thatsachen zu sammeln und zu prüfen, um den Unternehmern die Erfüllung ihrer hochwichtigen Aufgabe in der Arbeiterfrage zu erleichtern.

Von diesem Standpunkte aus erlaube ich mir die seit einer

Reihe von Jahren in der Schweiz darüber gesammelten Beobachtungen und die Resultate zweier Enquêten und eingehender Verhandlungen mit Industriellen aus den Jahren 1868 und 1871 mit den daraus sich ergebenden Schlußfolgerungen hier in den wesentlichsten Punkten mitzutheilen.*)

Das System der Prämienertheilung ist in der Schweiz schon seit längerer Zeit in der Druckerei, Färberei und in der Seidenindustrie angewendet worden, auch werden Heizern von Oefen, Dampfmaschinen und Lokomotiven Tantièmen für Ersparniß am Heizmaterial bewilligt. In der Färberei von Jean Hürlimann in Rapperswyl hat man seit 4 Jahren den Versuch mit einer Aufmunterungskasse gemacht, in welche von Seiten des Etablissements eine Prämie von 10 Franken für gut gefärbte Partien gezahlt wird, während mittlere Partien leer ausgehen und für schlecht gefärbte ein Abzug von 10 Franken gemacht wird. Der Chef des Hauses, Herr Bertheau, erklärte sich jedoch in einer von der statistisch-volkswirthschaftlichen Gesellschaft in Zürich im Dezember 1871 veranstalteten öffentlichen Versammlung von dieser Einrichtung nicht sehr befriedigt. Die erwachsenen Arbeiter haben jährlich im Durchschnitt Fr. 45. 65 Prämien bezogen und könnten durch größern Eifer diesen Betrag bequem auf Fr. 70—80 steigern; allein nur die Wenigsten wollen sich wegen der Aussicht auf 20—30 Fr. Mehrleistung mehr anstrengen. Die Arbeiter betrachten die Prämie als ein Geschenk und nicht als eine Lohnerhöhung, welche sie durch eigene Thätigkeit steigern können. Herr Bertheau gedenkt daher die Einrichtung aufzuheben und den Lohn um den Betrag der frühern Prämien zu erhöhen, da die Arbeiter mit einer bestimmten Summe, auf welche sie im Voraus rechnen können, weit zufriedener sind.

In der demselben Hause angehörenden Spinnerei zu Rapperswyl wurde früher den Spinnern ebenfalls eine Prämie für das Pfund gesponnenes Garn gezahlt, wodurch Handspinner sich in 14

---

*) Die ausführlichen Berichte darüber sind: 1) Untersuchung und Bericht über die Lage der Fabrikarbeiter, erstattet an die gemeinnützige Gesellschaft des Kantons Zürich auf Grund der Verhandlungen einer von der Zürcher kantonalen gemeinnützigen Gesellschaft niedergesetzten Kommission von Dr. V. Böhmert (Zürich, Schabelitz'sche Buchhandlung 1868). 2) Die Verhandlungen der Zürcher statistisch-volkswirthschaftlichen Gesellschaft über die soziale Frage von Prof. Dr. Böhmert in der Zeitschrift für schweizerische Statistik, Jahrgang 1872, Heft 1.

Tagen ca. 30 Franken Lohn und noch weitere 8–10 Fr. Prämie verdienen konnten; allein ein großer Theil der Arbeiter wollte sich nicht mehr anstrengen und erzwang die Abschaffung der Prämie mit gleichzeitiger Erhöhung des Lohnes per Pfund Garn, — die Folge ist, daß die faulen Arbeiter sich besser stehen als die guten Arbeiter.

Diesen Mittheilungen stellte ein anderer Industrieller, Herr Bourcart,*) früher Mitinhaber einer Spinnerei und Weberei in Gebweiler, jetzt Ingenieur in der Maschinenfabrik von Escher, Wyß und Comp. in Zürich, seine im Elsaß gemachten Erfahrungen gegenüber. Er berichtete zunächst, daß die in seiner Spinnerei gezahlten Prämien für sehr gute Arbeit befriedigende Resultate gehabt hätten, daß man solche Prämien jedoch gleichzeitig mit dem Lohn auszahlen müsse, ohne Abzüge für schlechte Arbeit zu machen.

Weiter berichtete er, daß er später in Uebereinstimmung mit seinen Associés einen Theil des Reingewinnes für eine Kasse der Arbeiter, ohne daß dieselben Kenntniß davon hatten, zurückbehalten habe, womit ein jährlicher Beitrag in der Höhe von 3 Fr. per Kopf zur Krankenkasse, ferner 100 Fr. Aussteuer für junge Leute, die sich verheiratheten, 15 Fr. für Taufen, 20 Fr. für Begräbniß und endlich der nothwendige Unterhalt eines verwundeten Arbeiters bis zur Genesung, sowie 1 Fr. täglich an diejenigen, zur Fabrikarbeit unfähige Arbeiter ausgezahlt wurden. Der nach diesen Ausgaben verbleibende Rest des für die Arbeiter reservirten Reingewinnes wurde kapitalisirt und den Arbeitern gutgeschrieben. Die betreffende Kasse hatte vor 3 Jahren bereits ein Vermögen von 80,000 Franken.

Derartige, aus dem Reingewinn bestrittene Subventionen werden den Arbeitern auch von vielen andern Fabrikanten des Elsasses zu Gunsten der Hülfskassen ausgezahlt; allein man kann derartige Subventionen keine Betheiligung am Reingewinn nennen. — Herr Bourcart berichtete sodann weiter, daß er in der Meinung, die sociale

---

*) Herr Bourcart hat sich durch seine „cours populaires“ und die in Gebweiler für das Wohl der Arbeiter geschaffenen Einrichtungen im ganzen Elsaß bekannt gemacht. Man vergleiche darüber auch das Werk von E. Véron, „Les institutions ouvrières de Mulhouse et des environs.“ S. 361—370. Wir glauben daher auf die Anträge und Erfahrungen dieses volkswirthschaftlich gebildeten Praktikers auch ein besonderes Gewicht legen zu müssen.

Frage dadurch lösen zu können, die Arbeiter direkt am Gewinn einer von ihm errichteten Weberei betheiligt habe, daß er aber dabei sehr traurige Erfahrungen gemacht und den Versuch nicht habe durchführen können, weil die Arbeiter, anstatt durch Ordnung und Disciplin seine Bemühungen zu unterstützen, ihm durch ihre heimlichen Koalitionen geschadet hätten, so daß er seine Stellung im Elsaß habe opfern müssen.

Die directe Betheiligung am Reingewinn sei dem Gange einer großen Fabrik schädlich und unpraktisch. Der Arbeiter ziehe einen festen Lohn und eine seinen Hülfskassen gewährte Subvention vor, er wolle unabhängig und Niemandem zu Dank verpflichtet sein und sei auch, wenigstens im Elsaß, noch nicht gebildet genug, um die Betheiligung am Geschäftsgewinn recht zu würdigen. Es gebe natürlich Ausnahmen, wie den Fall des Stubenmalers Leclaire in Paris und eines Herrn Pinel in Isère, welcher im Jahr 1848 ruinirt gewesen sei und den 20 Arbeitern seiner Fabrik für landwirthschaftliche Maschinen ein Arbeitssystem auf gemeinschaftliches Risiko vorgeschlagen habe, wobei er als Kopf und Leiter des Unternehmens ein Millionär und seine bis 1867 auf die Zahl von 300 gestiegenen Arbeiter wohlhabende Leute geworden seien. Aber solche Systeme der Gewinnbetheiligung seien nicht auf alle Industrien anwendbar.

Weiter empfahl Herr Dumont, die industriellen Subventionen zu den Hülfskassen der Arbeiter nicht als philanthropische Geschenke, sondern einfach als Geschäftsunkosten für allmähliche Abnutzung der lebendigen Hülfsmittel der Arbeit anzusehen. Der Arbeiter betrachte dieselben dann auch als sein Recht. Man solle daher Seitens der Fabrikanten reichlich zu solchen Hülfskassen für Kranke, Verwundete, Invaliden und auch für arbeitslose Arbeiter beisteuern und werde dadurch viele Arbeiter von der Internationalen abwendig machen.

Jeder Fabrikant solle einen besondern Reservefond für die Arbeiter anlegen und denselben alljährlich oder mindestens in guten Geschäftsjahren bestimmte Theile des Reingewinnes zuwenden. Manche deutsche und schweizerische Fabriken haben am Jahresschlusse 1871 ihren Theilhabern oder Aktionären 20—30 Prozent Dividende auszahlen können. Gebietet da nicht Wirthschaftlichkeit, Klugheit und Billigkeit, einen größeren Theil solcher außerordentlicher Gewinne für alle Mitarbeiter zu reserviren?

Die als Theile des Reingewinnes von den Fabrikbesitzern gefreiwilligen Beiträge zu den Hülfskassen der Arbeiter sind in allen Theilen der Schweiz schon seit längerer Zeit üblich.

Eine andere Art von Tantième wird hier und da in der Form von Neujahrsgeschenken an verdiente Arbeiter und Arbeiterinnen vertheilt. Ein Fabrikant in Richterswil berichtete in der Zürcher Enquête von 1868, daß diese Art Tantième in seiner Fabrik schon im Jahre 1859 eingeführt worden sei; da sei die unruhige Baumwollkrise eingetreten, der Unternehmer hätten Verluste erlitten und den Arbeitern am Jahresschlusse erklärt, daß sie keine Neujahrsgeschenke vertheilen könnten. Die Arbeiter hätten geäußert, daß sie doch in dem verflossenen Jahre gerade so gut gearbeitet hätten als in früheren Jahren und daß sie lieber einen festen Lohn erhalten wollten. Von da an zahle man ihnen einen um das frühere Neujahrsgeschenk erhöhten Lohn aus und kein Arbeiter habe wieder nach einer Tantième verlangt. Es thue dem Arbeiter zu weh, auf etwas verzichten zu müssen, worauf er das ganze Jahr hoffe, man solle es daher dem Arbeitgeber überlassen, seine Leute so zu stellen, daß sie genau wissen, wie viel sie verdienen können.

Seit dem Jahre 1867 sind dem Verfasser verschiedene neuere Versuche von Gewinnbetheiligung aus den Kantons Zürich, Basel, Schaffhausen, Solothurn, Genf bekannt geworden. Eine Druckerei des Kantons Zürich traf im Anfang des Jahres 1867 die Einrichtung, den Arbeitern beim Abschluß der Jahresrechnung einen Antheil vom Reingewinn zu reserviren, welcher den Kinderschuhen als Neujahrsgeschenk und den Erwachsenen theils beim Jahresschluß, theils in ein oder zwei Terminen nach Abschluß der Rechnung ausbezahlt wird. Die Unternehmer haben sich die Feststellung der Quote persönlich vorbehalten; dieselbe richtet sich nach Dienstalter, Leistungen, sittlichem Betragen u. s. w., wobei theils die eigenen Wahrnehmungen der Unternehmer, theils die Mittheilungen der Meister maßgebend sind. Als die Einrichtung ins Leben trat, wurden sämmtliche Arbeiter zusammenberufen und ihnen auseinandergesetzt, in welcher Weise und nach welchen letzteren Grundsätzen die Vertheilung geschehen werde, — und die Unternehmer wollten schon im ersten Jahre bemerken, daß schon die Aussicht durch „blauen“-Machen u. in eine niedrigere Klasse der Gewinnbetheiligung versetzt zu werden, einen vortheilhaften Einfluß auf die Arbeiter ausgeübt habe.

Ein Fabrikant im Kanton Solothurn hat zuerst im Jahre 1869 eine nicht unbedeutende Summe als Gratifikation in Form von Neujahrsgeschenken an sämmtliche Angestellte und Arbeiter seines

Etablissements, sowohl an die in der Fabrik als auch an die in ihren eigenen Häusern für ihn Arbeitenden, nach Verhältniß der von jedem Einzelnen im Jahre verdienten Löhne und mit besonderer Berücksichtigung der Dienstjahre vertheilt und wollte ebenfalls an dem ganzen Gange der Arbeit den ermunternden Einfluß dieser Maßregel bemerkt haben, indem im Allgemeinen die Arbeiter früher mehr Anhänglichkeit an die Fabrik und mehr guten Willen zur Arbeit zeigten. — (Auf unsere Befragen hat der letzte Fabrikant diese Art Gewinnbetheiligung aber nicht wiederholt und es vorgezogen, auf andere Weise, namentlich durch den Bau von Arbeiterwohnungen rc. für seine Arbeiter zu sorgen.)

Nach dem Berichte der „Schweizerischen Grenzpost" versammelte die Basler Floretspinnerei R. S. im Dezember 1871 eines Samstag Abends sämmtliche Arbeiter zu einem Abendessen. Alle Chefs mit ihren Familien haben daran Theil genommen. Es herrschte gemüthliche Unterhaltung, aber noch größere Ueberraschung bei Austheilung der Geschenke an Geld, welche je nach der Dienstzeit ziemlich bedeutende Beträge ausmachten. So soll jeder Arbeiter der sechs Jahre im Geschäfte thätig war, die schöne Summe von 100 Franken erhalten haben. Es sind damals etwa Fr. 30,000 nur unter die Arbeiter allein vertheilt worden.

Ferner vertheilte der Chef einer Winterthurer Fabrik im Januar 1872 einen schon seit Jahren aus den Reinerträgen des Geschäfts für seine Arbeiter angesammelten Fond durch Aushändigung eines Sparkassenbuches an jeden Arbeiter, mit zum Theil erheblichen Beträgen, deren Höhe sich nach den von ihnen im Geschäft verdienten Löhnen und nach den Jahren der Anstellung richtete.

Aus dem Waadtlande ist im April 1872 ebenfalls über ein neues Beispiel von Gewinnvertheilung berichtet worden. Ein Herr Reymond in Morges, Besitzer einer großen Gerberei, versammelte am 15. April seine Arbeiter, um sie mit der Erklärung zu überraschen, daß er denjenigen unter ihnen, welche bereits 2 Jahre bei ihm in Arbeit stehen, einen Antheil am Reingewinn seines Geschäftes aushändigen werde. Von 20 seiner Arbeiter wurden daraufhin 15 zur Inempfangnahme ihres Antheils berufen.

So anerkennenswerth diese ganz freiwilligen Gewinnvertheilungen und Aufmunterungen sind, so erscheint es doch noch viel wichtiger, den Arbeitern finanzielle Rechte auf Prämien und nament-

doch einen förmlichen Anspruch auf Pensionen für gewisse Dienstjahre, auf Gehalte von Wittwen und auf Unterstützungen in Unglücksfällen zu erhalten. In dieser Richtung sind seit zwei Jahren sehr
anerkennenswerthe Versuche in den Fabriken von Zürcher ....
heß in Wädenswil und Felsbach (Kanton Zürich) gemacht worden.
Der betreffende Fabrikant hat eine Sparkasse gegründet, deren Guthaben laut den uns vorliegenden Statuten gebildet werden: a) aus
den obligatorischen und freiwilligen Einlagen der Arbeiter, b) aus
verhältnißmäßigen Beiträgen des Fabrikinhabers, c) aus Prämien,
welche aus dem Geschäftsgewinn erhoben werden. Die obligatorische Einlage der Arbeiter beträgt 5 Prozent des Lohnes. Der
Fabrikinhaber leistet einen Beitrag von 10 Prozent der Einlagen
(der freiwilligen jedoch nur bis auf den gleichen Betrag wie für die
obligatorischen). Aus dem Gewinne des Geschäftes, insofern derselbe
ein befriedigender und ausreichender ist, werden der Fabrikinhaber
allein zu entscheiden hat, erhalten die Arbeiter nach Verhältniß der
Dauer ihrer Anstellung und der Größe ihres Lohnes eine Prämie,
welche für die ersten fünf Dienstjahre, vom 1. Juli 1869 an ge-
rechnet, 2 Prozent des Lohnes und für y die folgenden fünf Jahre
1 Prozent mehr beträgt. Die erste Prämienvertheilung erfolgte mit
dem 1. Juli 1870 und die zweite mit dem 1. Juli 1871. Die Arbeiter haben ferner rechtlichen Anspruch auf Herausgabe von
Prämien und Zinsen demjenigen nicht verlangen, Einsicht in die
Jahresrechnung zu nehmen, insofern der Fabrikinhaber erklärt, daß
der Geschäftsgewinn ungenügend ist. — Jeder Theilnehmer in der
Sparkasse erhält ein auf seinen Namen lautendes Sparheft. In
dasselbe werden vierteljährlich der Gesammtbetrag der Quartaleinlagen,
der Beitrag des Fabrikinhabers und der Zins des betreffenden Gut-
habens eingetragen. Der Zins beträgt 5 Prozent vom Zeitpunkte
der Eintragungen. Die Guthaben werden beim Austritte oder Ab-
sterben eines Arbeiters diesem, beziehungsweise seinen Erben, ausbezahlt. Während der Anstellungszeit kann nur in Fällen, wo ein
besonderes Bedürfniß vorhanden ist, mit Zustimmung des Fabrikinhabers, theilweise über ein Guthaben verfügt werden. Wenn das
Guthaben eines verheuratheten Arbeiters den Betrag von Fr. 500
erreicht hat, kann derselbe alljährlich den Zins in Anspruch nehmen.

In Betreff der Pensionen ist in diesen Statuten bestimmt:
Werkmeister und Arbeiter, welche das 70 Altersjahr erreicht haben
und mindestens 30 Jahre lang ohne Unterbrechung im Geschäft engagirt

waren, haben, wenn sie sich in den Ruhestand begeben wollen, Anspruch auf eine lebenslängliche Pension. Dieselbe beträgt nach 30 Dienstjahren Fr. 360 jährlich für männliche und Fr. 180 für weibliche Arbeiter. Hat die Dienstzeit mehr als 30 Jahre gedauert, so beträgt die jährliche Pension für je ein Jahr mehr Dienst Fr. 10 bei den männlichen und Fr. 20 bei den weiblichen Arbeitern. Das Maximum der Pension ist jedoch auf den Betrag von Fr. 450 für männliche und Fr. 300 für weibliche Arbeiter beschränkt.

Weiter wird den Wittwen von Werkführern und Arbeitern, welche vor dem Todestage desselben zehn Jahre lang im Geschäfte gearbeitet haben, der Anspruch auf eine jährliche Pension von Fr. 100, wenn sie am Todestage des Gatten mindestens 70 Jahre alt sind, zugesichert, auf Fr. 60, wenn sie am Todestage des Gatten mindestens 60 Jahre, und auf Fr. 25, wenn sie am Todestage des Gatten mindestens 45 Jahre alt sind. Der Anspruch auf die Pension geht aber verloren, wenn die Wittwe sich wieder verheirathet oder in einer andern Fabrik angestellt wird, oder einen unehrbaren Lebenswandel führt. Wittwen, deren Gatten weniger als zehn, jedoch mehr als fünf Jahre im Geschäfte angestellt waren, erhalten ohne Rücksicht auf ihr Alter, auch wenn sie selbst nicht im Geschäfte mitgewirkt haben, einen einmaligen Unterstützungsbeitrag von Fr. 60. Endlich leistet die betreffende Fabrik auch noch feste Unterstützungen in Unglücksfällen, und zwar erhalten Arbeiter, welche 15 Jahre lang ununterbrochen im Geschäfte gearbeitet haben und ohne eigenes Verschulden in demselben arbeitsunfähig werden, je nach ihren Verhältnissen eine einmalige Unterstützung von mindestens Fr. 250 und höchstens Fr. 500.

Die eben beschriebenen Einrichtungen sind nun seit 1½ Jahren in Geltung und die 300 Arbeiter dieser beiden Fabriken haben in Folge dessen bereits ein Gesammtguthaben von Fr. 6706. 15 erlangt, nämlich Einlagen der Arbeiter Fr. 4265. 50, Zuschuß der Fabrik Fr. 520. 80, Prämien Fr. 1804. 75 und Zinsen Fr. 115. 10. Der betreffende Fabrikant hat in der Wädensweiler Fabrik gute Erfolge dieses Versuches und größere Zufriedenheit der Arbeiter bemerkt, während in der andern, vom Wohnorte des Fabrikanten abgelegenen Fabrik trotz aller Vorsorge für das Wohl der Arbeiter gegen Ende des Jahres 1871 eine Arbeitseinstellung, angeschürt von einigen fremden unverheiratheten Arbeitern, ausgebrochen war.

Neuer als die eben beschriebenen Einrichtungen sind zwei in Genf in diesem Jahre gemachte Versuche, die Arbeiter direkt am

Vereine zu bestreiten. Die Baugenossenschaft von Osten und Moos in Genf hat laut eines Dekretes vom 16. Oktober 1871 ihren Arbeitern eröffnet, daß sie beschlossen habe, am 30. Juni jeden Jahres nach Abschluß des Inventars und aller Rechnungen und nach Abzug der landesüblichen Zinsen, sowie Abzug einer Summe für Amortisation und für den Reservefonds den Reinertrag des Geschäftes zu 50 Prozent an die Aktionäre und Unternehmer und zu 50 Prozent an die Arbeiter und Angestellten je nach ihrem im Jahr verdienten Lohne zu vertheilen. Die Hälfte des den Arbeitern zukommenden Ertrages von 50 Prozent soll zurückbehalten und zum Ankauf derjenigen Geschäftsaktien, welche sich nicht in den Händen der Unternehmer befinden, verwendet werden, damit die Arbeiter allmählich Miteigenthümer der Fabrik werden. Der zweite Versuch betrifft eine Genfer Uhrenmacherfabrik, welche den Arbeitern statutengemäß vom 1. Juni 1871 an einen Beitrag von 20 Prozent des Reingewinnes zusichert.

In Folge der Berichterstattungen und Verhandlungen über die im Vorstehenden mitgetheilten Fälle gelangte der Schweizer statistisch-volkswirthschaftliche Verein zu folgenden allgemeinen Schlußfolgerungen:

„Bei der Frage der Prämienvertheilung und der Gewinnbetheiligung können keine allgemein gültigen Grundsätze für alle Arbeits- und Produktionsgebiete aufgestellt werden: man muß unterscheiden, spezialisiren und individualisiren.

Als Hauptunterschiede ergeben sich:

1) Fabrikindustrie, Hausindustrie und Handwerk mit Bezug auf Arbeiterzahl und Lokal.

2) Arbeit mit viel und mit wenig geistiger Betheiligung, wobei von der fast nur maschinenmäßigen, wenig geistige Thätigkeit erfordernden Arbeit, sich eine lange Stufenleiter erstellen läßt bis zu den Arbeiten der Kunsthand und der größten Gewerbe und Berufsarten (Gager, Schwucher, verschiedene Modellarbeiter u. dergl.).

3) Arbeit, deren gesichertes Quantum nur von der Maschine abhängt mit Abstufung bis dahin, wo dasselbe nur nach dem Willen und der Geschicklichkeit des Arbeiters abhängt. Auf den untersten Stufen wird, wo es sich davon handelt, den Arbeiter zu schaffen und nicht auf andere Beschäftigungen oder zu anderen Etablissements übergehen zu lassen, allein Lohnerhöhung helfen; und zwar daben mit höchstens 14 tägiger Ablöhnung.

Prämien sind hier schwer zu verwenden, weil der Grad der Leistung, der Geschicklichkeit nicht sehr verschieden ist und in großen Fabrikbetrieben dieselbe Art Arbeit nicht wohl verschieden bezahlt werden kann, ohne Unzufriedenheit und Neid zu erwecken, welche stets der Arbeitsherr entgehen muß.

Wo für bessere Leistungen, Ersparniß an Rohmaterial, an Beleuchtung, an Schmier- und Putzzeug rc. Prämien eintreten können, sollen dieselben wo möglich in kürzeren Zeiträumen berechnet, und mindestens zur Hälfte baar hinausgezahlt werden. Das Einlegen in Sparkassen rc., wobei der Arbeiter nicht volle Disposition über sein Eigenthum behält, ist nicht zu empfehlen, und wird als Bevormundung angesehen.

Auch das Aufsammeln von Prämien für spätere Abrechnung ist nur in kleineren Geschäftsrahmen möglich. In erster Linie sind Prämien für Ersparnisse an Nebenausgaben, möglichste Verminderung von Abfall und Abgang richtig angewandt. Prämien für bessere Leistungen, welche sich durch Sorgfalt und Geschicklichkeit ergeben sollen, sind mit der Ablohnung zu verbinden, als eine Art Akkordaufbesserung oder Stücklohnerhöhung.

Prämien auf schnelle Lieferung zahlen sich am ehesten in der Form des Stücklohns oder der Partien- (Gruppen-) Arbeit, welche in mechanischen Werkstätten vielerwärts mit günstigem Erfolg angewendet ist, wobei die Theilung der Arbeit der Arbeiterpartie (Gruppe) selbst anheimgegeben wird.

Was man aber dem Arbeiter gibt, darüber muß er auch verfügen können.

Gewinnantheil läßt sich nur da an Stelle von höherem Lohn oder Prämien setzen, wo der Preis der Fabrikate wie der Absatz wenigen Schwankungen unterliegt, und der Preis der Rohstoffe ebenso stabil ist oder dessen Schwankungen im Vergleich zum Werth des Fabrikates nicht schwer wiegen, also z. B. bei einer Fabrik, welche bestimmte Maschinen einer Art liefert. Wo dagegen für die Beschaffung des Rohstoffes oder den Verkauf der Fabrikate die Spekulation des Fabrikanten den Hauptfaktor bildet für Gewinn und Verlust auf den Fabrikaten selbst, da kann von Gewinnbetheiligung in fest bestimmter statutarischer Form nicht wohl die Rede sein. Wo die Kontrole der Arbeiter selbst nicht mehr zulässig erscheint oder nicht mehr möglich ist, da kann keine Gewinnbetheiligung stattfinden.

Dafür muß die Lage des Geschäftes einfach und durchsichtig, leicht verständlich, und der Gewinn auf dem Ein- und Verkauf leicht und sicher zu berechnen sein."

Am Schlusse dieses Abschnittes möge es mir gestattet sein, mich auf meine bereits im Jahre 1868 veröffentlichte principielle Beurtheilung der Gewinnbetheiligungsfrage zu berufen und dieselbe an dieser Stelle zu wiederholen, weil ich durch neuere Beobachtungen in jener früheren Auffassung nur bestärkt worden bin und es für eine Aufgabe dieser Schrift halte, die Unternehmer an ihre durch den Lohnvertrag nicht erschöpften ethischen Pflichten gegen den Arbeiter aufmerksam zu machen.

„Die Betheiligung der Arbeiter am Gewinn oder am Geschäft ist nicht etwa bloß ein theoretisches Princip, sondern eine schon vielfach in der Praxis angewendete und bewährte Form geschäftlicher Unternehmungen, die den Zweck hat, die Arbeiter nicht bloß durch Gewährung bestimmter Löhne, sondern noch durch weitere, über den Lohn hinausgehende Leistungen von Seiten des Geschäfts für das Gedeihen des Etablissements zu interessiren und ihren Fleiß, ihre Intelligenz, ihre Ordnungsliebe, ihren guten Willen, mit einem Wort die moralische Kraft der Arbeit anzuspornen.

Wer am Gewinn betheiligt oder Inhaber eines Theiles des Geschäftes ist, wird durch erhöhte Thätigkeit und durch die in seinem eigenen Interesse geübte Aufsicht und Kontrole über die Mitarbeiter dem Geschäfte viel Aufsichtskosten ersparen, wird mit den Werkzeugen und Maschinen, Roh- und Hülfsstoffen sorgfältiger umgehen, wird ein größeres Quantum und eine bessere Qualität von Produkten zu erzeugen suchen. Dadurch wird der Ertrag der Fabrik gesteigert, größere Lust und Freudigkeit zur Arbeit erzeugt, der Sinn für Selbstständigkeit und Selbstverantwortlichkeit gefördert und überhaupt der sittliche genossenschaftliche Geist des Fabrikpersonals im Ganzen gehoben, worin schließlich doch immer die Hauptbedingung industrieller Erfolge liegt. Alle Formen der Unternehmung, welche die Arbeitgeber und Arbeitnehmer, sei es nun bloß materiell oder auch formell und juristisch zu Mitarbeitern machen, werden die hier und da noch vorhandene Kluft zwischen Fabrikherr und Arbeiter ausfüllen. Arbeitseinstellungen und Coalitionen werden dadurch leichter vermieden.

Viele Fragen über Verkürzung der Arbeitszeit, Normirung der Löhne, Errichtung von Kranken-, Alters- und Unterstützungskassen ꝛc.

können so auf freundschaftlichem Wege gelöst werden, und die Unternehmer können dadurch leichter einen seßhaften, mit dem Etablissement fest verwachsenen Stamm von Arbeitern heranbilden.

Der Gedanke, welcher dem Prinzip der Betheiligung der Arbeiter am Gewinn zu Grunde liegt, ist gesund und richtig. Die Anwendung ist hundertfältig. Man kann kein Modell aufstellen, das sich überall nachahmen ließe und keine einfache Formel für den Ausdruck des Gedankens finden. Das Prinzip verwirklicht sich, wie die speziellen Verhältnisse es bedingen und ermöglichen; allein es kann sich in veränderter Weise überall verwirklichen, sobald man es der Natur des Geschäfts anpaßt. Der Stücklohn nähert sich der Verwirklichung des Prinzips weit mehr als der Taglohn; allein die Frage wird dadurch noch nicht erledigt. Der tägliche Arbeitslohn eines Arbeiters regulirt sich durch Konkurrenz und Gewohnheit, und läßt sich auf die Dauer nicht willkürlich verändern. Darüber hinaus kommt das, was man unter Tantième versteht.

Man kann an diesem Tantième-Prinzip viele Schwierigkeiten der Durchführung entdecken und man muß einräumen, daß es keine absolute Gerechtigkeit repräsentirt; allein man muß bedenken, daß die Gewährung einer Tantième überhaupt nicht als Rechtspflicht, sondern eines Theils als eine Sache der Klugheit, Berechnung und Billigkeit, andererseits als eine Herzenssache und sittliche Pflicht gegen thätige Mitgehülfen und Mitschöpfer des Wohlstandes aufgefaßt werden muß.

Die meisten praktischen Versuche auf diesem Gebiete verdanken ihren Ursprung dem humanen Sinne der Unternehmer, welche sich innerlich verpflichtet fühlten, im Glück zunächst Derer zu gedenken, die zu ihrem Wohlstande am meisten beigetragen hatten. Es widerstrebte ihrer Demuth, das was sie erspekulirt hatten, als ihr eigenes Verdienst und heiliges Eigenthum anzuschauen, sie wollten etwas abgeben an Diejenigen, welche ihnen zuvor gegeben hatten; denn mancher Arbeiter hatte mehr geleistet, als seinem Lohn entsprach, weil er auch mit dem Gewissen bei seiner Arbeit gewesen war und absichtlich die Interessen seines Arbeitgebers besonders treu gefördert hatte. Solcher Treue und Extraleistung des Arbeiters gebührte auch eine Gegenleistung des Arbeitsherrn.

Wo nun der einzelne treue Arbeiter nicht herausgefunden werden konnte, betrachtete man die Gesammtheit als pflichtgetreu und weckte dadurch das Ehrgefühl Aller. Ferner wurde nun in einer Gemein-

..., Armand Auger, Librairie Büttner. Librairie des Ann... ... ... Lausanne 1874

Kasse zurücklegen und jedem Angestellten auf ein Sparconto gutgeschrieben werden, von welchem es jedoch in der Regel erst nach einer gewissen Anzahl von Jahren entnommen werden darf. In 21 Jahren waren zusammen 3,092,800 Franken den Angestellten gutgeschrieben und bereits 1,250,800 entnommen worden, so daß im Jahr 1871 noch 1,842,800 Franken in der Kasse waren.

VI. Die Stellung und Aufgabe der gesammten Bevölkerung in der Arbeiterfrage.

a) Die Arbeiterfrage als eine Frage der öffentlichen Pflicht für das gesammte Publikum.

Die gegenwärtig unter den Arbeitern herrschende sozialistische Gährung ist als eine öffentliche Kalamität zu betrachten und fordert daher auch die gemeinnützige Thätigkeit aller Bevölkerungskreise heraus.

Die Ungleichartigkeit an sich ist nicht zu beklagen, weil sie vielen Individuen als ein Hebel des Fortschritts dient; aber die Unklarheit über die Heilmittel zur Besserung der sozialen Zustände, das Herumfahren mit Gewaltmitteln, das Vertrösten auf glückliche Lotterieloose oder gouvernementale Veranstaltungen lastet schwer auf dem Organismus des Volkslebens. Alle Patrioten sollten sich mit ganzer Kraft des Geistes und Willens dem jetzt so vielfach verbreitern Pessimismus entgegenstellen, welcher die soziale Revolution oder den Umsturz aller Eigenthums- und Konkurrenzverhältnisse für nahebevorstehend hält und durch Beförderung von Unruhe, Furcht oder Apathie den allgemeinen wirthschaftlichen Aufschwung zu lähmen droht. Wirklich begründete Beschwerden vieler Arbeiter sollten überall rasch öffentliche Fürsprache, und dagegen die Lügen, Leidenschaft und Machlosigkeit von Volksverführern auch öffentliche Widerlegung und Bekämpfung finden. Ganz besonders wünschenswerth ist es, den Arbeitern in Vereinen und öffentlichen Versammlungen Gelegenheit zu geben, ihre Ansichten und Wünsche vor Männern aller Berufsklassen freimüthig zu äußern und ihre Verhältnisse offen zu beleuchten.

Es wird nun in neuester Zeit von verschiedenen deutschen Volkswirthen lebhaft befürwortet, die an sich so wünschenswerthe genaue Feststellung aller auf die materielle Lage der Lohnarbeiter bezüglichen Verhältnisse, die Beobachtung aller Veränderungen, die Sammlung des Materials für neue Gesetze und internationale Verträge in der sozialen Frage, die Anfertigung einer Statistik der Konsumtion der arbeitenden Klassen und der Produktions- und Absatzverhältnisse einer Reihe von staatlichen „Arbeitsämtern“ für Bezirke von je 100,000 Seelen zu übertragen. Man betrachtet dies als den ersten Schritt, um durch Reichsorgane zu einer neuen Organisation der Volkswirthschaft zu gelangen. — Abgesehen von den statistischen Erhebungen, welche den bereits bestehenden statistischen Bureaux übertragen werden können und an vielen Orten viel wirksamer durch Privatstatistiker oder freie Vereine oder durch gelegentliche Enqueten der Volksvertretungen gemacht werden, können wir uns von der Errichtung solcher offizieller „Arbeitsämter“ wenig oder kein Heil versprechen. Die Ausführung dieses Vorschlages würde uns in einer Zeit, welche überall die Selbstverwaltung des Volkes an Stelle der Bureaukratie setzen will, mit dem Apparat einer ganz neuen Bureaukratie zur Lösung der Arbeiterfrage versorgen, an welche der Arbeiterstand sehr falsche Hoffnungen knüpfen und bedenkliche Anforderungen stellen würde. Die Arbeiter sind mündig genug geworden, um im Verein mit dem übrigen Publikum ihre Zustände selbst „darzulegen“; sie sorgen bei der Leichtigkeit, überall Arbeit zu finden, schon selbst dafür, daß wirkliche Uebelstände nicht geheim bleiben. Jede Fabrik steht heutzutage gewissermaßen unter öffentlicher Kontrole — und wird, sobald sich der Arbeiter darin schlecht befindet, sehr bald von den guten Elementen gemieden werden und der Konkurrenz solcher Fabriken erliegen, wo sich der Arbeiter besser steht und freudiger oder gewissenhafter arbeitet. Es wäre oft viel nöthiger, Fabrikinspektoren für Privathäuser anzuordnen, wo gewissenlose Eltern ihre Kinder in der Hausindustrie überanstrengen, als für große Fabriketablissements mit allgemein bekannten und noch dazu meist obrigkeitlich genehmigten Fabrikordnungen. Da nun aber einmal nicht über jede Familie ein Staatserzieher gestellt werden kann, so wird man gut thun, von dem staatlichen Einflusse auf das Fabrikwesen und auf die Arbeiterverhältnisse überhaupt bescheiden zu denken. Ueberall, wo sich der Staat zum Vogt wirthschaftlicher oder sozialer Uebel aufwirft, werden sich die Privatkräfte zurückziehen. Der Eifer des Publikums und der freien Vereine wird abnehmen und die Unternehmer werden sich nur widerwillig zu Verbesserungen entschließen, welche anderwärts die Freiwilligkeit schon längst durchgeführt hat.

Die über die ganze Schweiz verbreiteten gemeinnützigen Gesellschaften und Grütli-Vereine und statistisch-volkswirthschaftlichen Vereine, welche alle Seiten der sozialen Frage zu behandeln pflegen, leisten schon seit langer Zeit die Dienste freiwilliger „Arbeitsämter". Aus der Mitte dieser Vereine gehen alljährlich eine Reihe von Arbeiten, Untersuchungen und Berichten hervor, welche in der schweizerischen „Zeitschrift für Gemeinnützigkeit" oder in der „Zeitschrift für schweizerische Statistik" oder als selbstständige Schriften veröffentlicht werden. Wir erinnern z. B. an das Werk von Kinkelin, „Die gegenseitigen Hülfsgesellschaften der Schweiz im Jahre 1865", an das Werk von Spyri, das Sparkassenwesen der Schweiz und die regelmäßigen Berichte von Spyri über die Sparkassen des Kantons Zürich, an die Enquête der Zürcher kantonalen gemeinnützigen Gesellschaft vom Jahre 1868, (Untersuchung und Bericht über die Lage der Fabrikarbeiter), an die Veröffentlichungen der Arbeiter-Kommission der schweizerischen gemeinnützigen Gesellschaft und der „Vereinigung schweizerischer Großindustriellen," an die Berichte der kantonalen Arbeitervereine, der Arbeits- und Hülfsanstalten, der Konsum-, Vorschuß- und Credit-Vereine und anderer Genossenschaften und endlich an die nicht zu unterschätzenden regelmäßigen Mittheilungen der Presse über alle Vorkommnisse des sozialen Lebens.

Man gründe und belebe solche freiwillige Gesellschaften und ermuntere auch die Staatsbeamten, sich an allen derartigen gemeinnützigen Bestrebungen etwas eifriger zu betheiligen, so wird man den Arbeitern von Seiten des Staats weit mehr nützen, als wenn man alle öffentliche Sorge für das Arbeiterwohl in offizielle Arbeitsämter zu konzentriren sucht. —

Nach dem Gesagten besteht die **erste** öffentliche Pflicht des Publikums in der **Gemeinnützigkeit**. Die **zweite** öffentliche Pflicht in der **sozialen** Frage ist ein **besseres Beispiel** aller Volksklassen im Güterverbrauch und im Genusse des Vermögens. Der Mißbrauch leicht erworbener oder ererbter Reichthümer ist an vielen Orten so schamlos und schreiend, daß man die Entrüstung von Philosophen und Menschenfreunden über diesen elenden Kultus der Materie und die Begehrlichkeit der untern Klassen nach einem bescheidenen Antheil an dem Besitze dauernder Glücksgüter wohl begreifen kann. Die Gefahr solcher Ausschreitungen für den sozialen Frieden kann nur dadurch abgeschwächt werden, daß die höheren und mittleren Stände jede Frivolität des Genusses und Verletzung des öffentlichen Anstandes auch mit öffentlicher Verachtung strafen und daß sie ihrerseits vermeiden, das Vorbild eines [illegible], wirthschaftlich [illegible] Lebensgenusses zu geben.

Die soziale Gefahr liegt nicht in dem Luxus an sich, dessen Begriff ein durchaus relativer und wechselnder ist, sondern nur in demjenigen Güterverbrauch, welcher sich der Verschwendung nähert, an Ausschweifung streift, der Sittlichkeit und Verfeinerung Eintrag thut und das Maß der eigenen Einnahmen und Hülfsquellen übersteigt.

Anlangend den oft übertriebenen, oft aber auch mit Unrecht geschmähten Luxus der unteren Klassen, so wollen wir uns nicht beklagen, daß man namentlich an Sonntagen die Magd von der Frau, den Gesellen vom Meister, den Arbeiter vom Fabrikherrn, den unteren Beamten von dem höheren kaum mehr unterscheiden kann. Der Freund des sozialen Fortschrittes muß sich vielmehr freuen, daß auch der Arbeiter Geschmack findet an sauberen Kleidern, reinlichen Wohnungen, zierlichem Hausgeräth und an einem feineren Leben, das sich über die rohesten Genüsse erhebt, er muß sich freuen, daß heutzutage in manchen gemischten Versammlungen mit gleichzeitiger Betheiligung aller Klassen die Arbeiter nicht sogleich beim bloßen Anblick herauszufinden sind und daß an gewissen Tagen wenigstens die äußeren Unterscheidungszeichen in Kleidung und Manieren zwischen den arbeitenden und den übrigen Bürgerklassen verschwinden. Es ist eine schöne Frucht des weiterverbreiteten Wohlstandes, daß das Maß der menschenwürdigen Bedürfnisse, welche die Arbeiter befriedigen können, von Jahr zu Jahr zunimmt.

Es ist die Aufgabe unserer Zeit, nicht dem Streben nach Reichthum und nach Verschönerung unseres Daseins, sondern der Sucht nach falschem Glanze entgegenzutreten und die gemeinschädliche Verwendung des eigenen oder fremden Vermögens abzuwehren. Verderblich ist nur die blinde Nachahmung, der leere Schein, der falsche erborgte Aufwand der unteren Klassen auf fremde Kosten oder zum Schaden von Weib und Kind. Wahre Bildung und echter Schönheitssinn wissen auch mit geringen Mitteln hauszuhalten und das Leben freundlich zu gestalten. In mancher bescheidenen Wohnung tritt uns viel mehr Geschmack und Harmonie entgegen als in theuer ausstaffirten Salons. Einfachheit ist in den meisten Lebensverhältnissen weit größere Zierde und Ehre als aufdringlicher Glanz. Die meisten Verarmungsfälle entstehen nicht aus ungenügenden Einnahmen, sondern aus zu vielen Ausgaben. Hier gilt es den Hebel des sozialen Fortschritts anzusetzen.

Hier erwächst den Reichen und Gebildeten die heilige Pflicht, durch eigenes besseres Beispiel und durch rege Betheiligung am Gemeinde- und Volksleben den Sinn für einen würdigen harmonischen Lebensgenuß und die Tugend der Wirthschaftlichkeit zu wecken, welche für die unendlich verschiedenen Verhältnisse und Stufen des Alters, Standes und Berufs auch das rechte Maß des zulässigen Aufwands zu finden weiß. Dann wird der Luxus auch seine Auswüchse und Schattenseiten immer mehr verlieren und ein Element des Fortschrittes und der brüderlichen Annäherung aller Classen der Gesellschaft werden.

Die in der Arbeiterfrage dem Publikum obliegende öffentliche Pflicht, Gemeinnützigkeit zu üben und ein besseres Beispiel zu geben, sollte sich namentlich auch dadurch bethätigen, daß man den Arbeitern überall zum Erwerbe besserer Bildung und zu edleren Unterhaltungen und Erholungen behülflich ist.

Man hat der in Deutschland angebrochenen neuen Zeit und dem jungen Frieden ein würdiges Denkmal dadurch gewidmet, daß man seit einem Jahre eine große „Gesellschaft für Verbreitung von Volksbildung“ in Berlin begründet hat, an deren Spitze bewährte Volksmänner und Arbeiterfreunde, wie Schulze-Delitzsch stehen, während die Geschäftsführung in den Händen von Dr. Franz Leibing ruht, welcher gleichzeitig das literarische Organ der Gesellschaft „Der Bildungsverein. Centralblatt für das freie Fortbildungswesen in Deutschland“ herausgiebt. Die neue Gesellschaft und ihr Blatt erblicken ihre Aufgabe „im Aufsuchen der Mittel und Wege zur Herstellung von örtlichen Organisationen, die der Masse des der Volksschule entwachsenen Volks die Möglichkeit weiterer Fortbildung gewähren und die es dauernd mit dem Kultur- und Geistesleben der Nation in Zusammenhang halten.“ — Ein großes Netz von freien Vereinen ist bereit, auf dem bisher noch so wenig betretenen Wege ohne staatlichen Antrieb oder Eingriff „von oben“ der Volksbildung durch ganz freiwillige Organisationen „von unten“ her neue Bahnen zu ebnen, um durch Verbreitung nützlicher Kenntmüsse alle bürgerlichen, sozialen, kirchlichen Institutionen und Verhältnisse des neuen Reiches dauernd zu befestigen.

Diese Bestrebungen finden hoffentlich in immer weiteren Kreisen gebührenden Anklang und Erfolg, denn Bildung allein macht frei, und nur gebildete Völker können das höchste Maß politischer Freiheit und unbeschränkter wirthschaftlicher Concurrenz auf die Dauer ertragen.

Wenn die Bildungsvereine zur Lösung des sozialen Problems beitragen wollen, müssen sie aber vor Allem dafür sorgen, daß die Arbeiter auch wirthschaftlich erzogen und durch Verbreitung der Volkswirthschaftslehre in Schule und Leben über die Grundirrthümer des Sozialismus aufgeklärt werden.

Das Publikum muß dazu mit der Wissenschaft, der Schule und der Presse wirken, deren soziale Aufgaben im nächsten Abschnitt besprochen werden sollen.

b. Die Stellung der Wissenschaft und insbesondere der freihändlerischen Schule in der Arbeiterfrage.

Unter allen Klassen der Bevölkerung haben die Vertreter der Wirthschaftswissenschaften den ganz besonderen Beruf, theoretisch und praktisch an der Lösung der Arbeiterfrage mitzuarbeiten und die darin zu Tage tretenden Forderungen einer unerschrockenen Prüfung zu unterziehen, um das Publikum über die wirksamsten Heilmittel zur Linderung sozialer Mißstände zu belehren, und die Arbeiter von der Nothwendigkeit eines Friedens zwischen Arbeit und Kapital zu überzeugen. — Leider haben sich einige deutsche Nationalökonomen gerade jetzt von den in Theorie und Praxis auf diesem Gebiete herrschenden Ansichten in auffallender Weise getrennt. Mehrere Docenten an deutschen Hochschulen treten plötzlich gegen die freihändlerische Schule auf, deren Grundsätze in den beiden letzten Jahrzehnten in allen deutschen Staaten zum Siege gelangt sind und auch dem deutschen Reiche als erste Grundlage des neuen Staatsbaues gedient haben. —

Die Augsb. Allg. Ztg. hat in vier größeren Artikeln eine angebliche „Krisis der deutschen Volkswirthschaftslehre" angekündigt und darüber in der Nummer vom 2. April 1872 u. A. bemerkt.

„Gegenwärtig hat sich eine ganze Anzahl von jüngeren Vertretern der Volkswirthschaft an den deutschen Hochschulen offen vom

Manchesterthum beigelegt. Diese Erscheinung will um so mehr bedeuten, als einige derselben, wie z. B. Adolph Wagner, früher strenge Anhänger der verlassenen Lehre gewesen sind, andere, wie Nasse und Schmoller, mangelhaft darf zu ihr hingeneigt haben, und nur eine dritte Gruppe, Schönberg, Held, Scheel, Cohn, Brentano, schon von Anfang an mit ihrer bisherigen Richtung gebrochen hatten. Wer mehr diese Männer einerseits in ihren positiven Ansichten und Forderungen, andererseits in ihrer Beurtheilung sowohl des Sozialismus als des Manchesterthums zusammentreffen, der haben zwei ganz jüngst und gleichzeitig erschienene Schriften brauchen, wir meinen Adolph Wagners Rede über die soziale Frage, Berlin 1872, und Gustav Schönbergs Schrift: „Arbeitslohne. Eine Ausgabe des deutschen Reichs" Berlin 1871. Beide zusammen darf man wohl als ein Programm der neuen Richtung der sozialen Frage betrachten."

Einige deutsche Historiker schlagen in neuerer Zeit denselben Ton an. Prof. Duden hat am 18. April d. J. in einer in Gießen gehaltenen Rede der Fortbildungsschulen u. A. geäußert. „Wir werden uns aber (d. h. in dem Streben für obligatorische Einführung der Fortbildungsschulen) nicht irren lassen durch die herrlichen Darstellungen, welche die Schule der sogenannten Manchestermänner von der Staatsschule hat; denn wir sehen im Staat nicht wie jene eine Anstalt, die zu nichts da ist, als um Sträuche einzusperren, Steuern einzutreiben und Soldaten zu drillen. Wir betrachten die Sorge für die geistige Bildung des Volkes als seine höchste und edelste Aufgabe." Wer die Thätigkeit der englischen Manchestermänner historisch verfolgt, der weiß, daß sie unter allen englischen Parteien für die Bildung des Volks bisher mit am meisten geleistet hat und daß John Bright, der Manchestermann par excellence, an der Spitze aller darauf bezüglichen Bestrebungen steht und die Gründung eines allgemeinen Erziehungssystems nach preußischem Muster als seine Lebensaufgabe ansieht. Es wird wenige Staatsmänner von so einer Richtung geben wie Cobden und Bright, die, aus dem Volk hervorgegangen, das Volk so vorwärts zu bringen verstanden haben. Der Quäker Bright von Rochdale ist noch jetzt mit seinem aufgeschlagenen Stiefeln, altmodischen Beinkleidern, ausstehendem Rock und Hut ein lebendiger Protest gegen den erschlaffenden Luxus und die Genußsucht des Materialismus, er ist der geschworene Freund des Volkes, obwohl er diesem Volke schon der bittersten Wahrheiten gesagt und sich in verschiedenen großen Fragen der Volksströmung müssen entgegengestellt hat.

Ähnlich wie Enders spricht sich Heinrich von Sybel in zwei am 5. und 16. März 1873 in Barmen gehaltenen Vorträgen über die Lehren des heutigen Socialismus und Communismus" gegen die Freihandelsschule aus, indem er u. A. bemerkt: „Die Freihändler begehren gänzliche Unabhängigkeit des Staates, absolute Ungebundenheit der wirthschaftlichen Entfaltung in Sachen der Werthproduktion, sie thun das Möglichste, um jeden Eingriff des Staates zu hindern, zu beschränken, abzuschwächen." ... „Oder hat die Freihandelslehre Recht, — so heißt es an einer anderen Stelle, — wenn sie im Namen der individuellen Freiheit dem Staat jede Befugniß zur Einmischung bestreitet?"

Wenn solche Autoritäten wie Heinrich von Sybel die bisher im deutschen Liberalismus fast verschwundenen Anklagen gegen „die Freihandelslehre" plötzlich wieder aufnehmen, und die Stellung der Freihändler zur socialen Frage in solcher Weise charakterisiren, so kann man sich nicht wundern, wenn eine andere Gelehrte in Broschüren und Zeitungen einen ähnlichen Ton anschlagen. Die Anklagen haben sich in neuerer Zeit auch in der Zeitschrift des preußischen statistischen Bureaus gesteigert, worin Dr. L. Brentano unter dem Titel „Absolute und realistische Volkswirthe" die Freihandelsschule einer eigenthümlichen Kritik unterwirft und über die Stellung eines Koryphäen der englischen Freihandelsschule „Newmarch" zur Fabrikgesetzgebung wenig correkte Mittheilungen macht, deren Widerlegung später erfolgen soll. Ein weit schärferer und wegen vieler verdienter Leistungen von mir aufrichtig geschätzter Nationalökonom, Adolph Wagner, scheint durch erneuten Angriffe gereizt, sich immer mehr in einen Gegensatz gegen die sog. freihändlerische Schule hineinzuschreiben, von welcher er sich früher im Grunde nur wenig unterschied. Er beruft sich für seine im Oktober 1871 vor der kirchlichen Versammlung in Berlin entwickelte antifreihändlerische Auffassung in der socialen Frage auf jene 4 Artikel der Allg. Ztg., deren Bemerkungen über die Umgestaltung der Volkswirthschaftslehre er „sehr treffend" nennt, er führt ferner Heinrichs von Sybels Vorträge als Beweis an, „daß wir nicht mehr so allein stehen" und erhebt auch ungerechte Anklagen gegen hochachtbare Organe der deutschen Presse „als Mietlinge" sowie gegen die volkswirthschaftlichen Congresse „welche die Stelle des vaticanischen Concils vertreten." —

In Folge dessen regnet es nun auch auf der Gegenseite der Freihändler Broschüren und Zeitungsartikel, so daß die Vertreter der deutschen [...] in Betreff der [...] Frage [...] ich in sich gespalten erscheinen, worüber sich nur die [...] Seelen und Sozialdemokraten vergnügt die Hände reiben, während das große Publikum bedenklich den Kopf schüttelt. Nach meiner Ansicht wird auch dieser [...] Zwist unter dem deutschen Volke [...] schließlich nur zur Klärung der verschiedenen Standpunkte und Heilmittel in der [...] Frage [...]. Zu diesem Zwecke sind auch die nachstehenden Bemerkungen über die wissenschaftliche und praktische Stellung der Freihandelsschule zur [...] Frage geschrieben worden.

Vorerst will ich bemerken, daß ich mir nicht anmaße, im Namen der deutschen Freihandelspartei das Wort zu ergreifen. Ich werde natürlich nur in meinem eigenen Namen, glaube aber jedenfalls damit zugleich die Ansichten eines Theiles der deutschen Freihandelspartei [...], weil ich mich seit nunmehr 17 Jahren [...] zum entschiedenen Freihandel bekenne und während dieser Zeit für die [...] der freihändlerischen Ideen mit Hunderten von Gesinnungsgenossen gekämpft habe, weil ich ferner selbst 6 Jahre lang von 1856—1862 [...] von amerikanisch freihändlerischer Richtung in Heidelberg und Bremen redigirt habe, und weil ich endlich an allen volkswirthschaftlichen Congressen von Anfang an betheiligt war und auch seit 12 Jahren regelmäßig vom Congresse selbst in der [...] Deputation gewählt worden bin.

Dreierlei muß zur [...] Rechtfertigung der Freihandelsparteien gegen ihre neuesten Angreifer näher festgestellt und [...] werden: 1) Namen, 2) wissenschaftliche Stellung zur [...] Frage, 3) praktische Thätigkeit der deutschen Freihandelspartei.

Benennungen der deutschen freihändlerischen Schule

Anlangend den Namen, so ist zunächst zu bemerken, daß so viele Gelehrte vom „abgethanen Manchesterthum" sprechen, ohne auch nur anzugeben, was sie eigentlich unter Manchesterthum verstehen. Andere Gegner sprechen in ihrer [...] bald von „Freihändlern", bald von „abstracten Freihändlern", je nachdem sie ihre Farben auf [...] wollen. Wieder Andere behaupten, „daß die Freihändler im Laissez faire die ganze Staatsweisheit erblicken, daß sie an die [...] Kraft vom Laissez faire glauben." Wenn man das lange Register der neuen [...] prüft, so begegnet man meist derartigen Schlagworten und keiner Bemühung, den Inhalt der freihändlerischen Doctrin wirklich zu erläutern oder die verschiedenen Standpunkte der einzelnen volkswirthschaftlichen Schulen auseinanderzuhalten. Mit Schlagworten wird aber das Volk nicht belehrt, sondern verwirrt.

Das sogenannte Manchesterthum oder die Manchesterschule hat in England seit dem Krimkriege einen etwas unangenehmen, politisch anrüchigen Beigeschmack, weil sich damals Cobden und Bright gegen den Krimkrieg erklärten und in Folge dessen lange Zeit als reine „Utilitarier", die den Gedanken der Ehre vergessen, in England und Deutschland verschrieen wurden. Als wirthschaftliche Partei hat man die Manchesterschule in England immer als Hauptbegründerin des englischen Wohlstandes anerkannt. Die deutschen Freihändler haben mit der politischen Richtung der englischen Manchesterleute nichts gemeinsam und sind schon seit der Begründung des volkswirthschaftlichen Kongresses im Jahre 1858, also noch vor der neuen preußischen Aera und vor Entstehung des deutschen Nationalvereins, immer für eine national-politische Entwicklung Deutschlands in die Schranken getreten. Dagegen blicken die deutschen Freihändler auch noch jetzt mit Respekt und Bewunderung auf die wirthschaftlichen Leistungen der englischen Manchesterschule, welche in der Geschichte bisher noch unerreicht geblieben sind, wenn man die Hindernisse in Betracht zieht, welche von dieser Partei überwunden werden mußten und wenn man die Art der Volksbelehrung zu würdigen weiß, wodurch die Manchesterleute der Welt den praktischen Freihandel erkämpft haben.

Man bezeichnet den Unterschied der deutschen Nationalökonomen nach ihrer theoretisch-prinzipiellen Richtung und praktisch-politischen Parteistellung jedenfalls richtiger, wenn man nicht die englische, sondern die deutsche Bezeichnung wählt und einfach „Freihändler" oder „Nichtfreihändler" unterscheidet — oder wenn man der von der „Augsb. Allg. Ztg." angekündigten „neuen Richtung der sozialen Frage," deren eigentliches Programm vorläufig noch in den Wolken schwebt, einfach die „alte freihändlerische Richtung" gegenüberstellt.

Wissenschaftliche Stellung der Freihandelsschule zur sozialen Frage.

Die Freihandelsschule als solche darf von Männern der Wissenschaft vor Allem verlangen, daß sie nicht nach Schlagworten und nach zerstreuten, oft nur erdichteten Behauptungen einzelner

Anhänger, sondern nach dem begrifflichen Inhalt ihrer Lehren und Schriften, sowie nach der allgemeinen Richtung ihrer praktischen Thätigkeit und öffentlichen Arbeiten beurtheilt werde.

Es ist mir im langjährigen Verkehr mit den radikalsten Freihändlern noch keiner vorgekommen der „an die alleinseligmachende Kraft des Dogmas vom Laissez faire glaubt" — oder der darin die ganze Staatsweisheit erblickt. Aber jede Wahrheit einfach ist, so liegt auch dem Freihandel die einfach verständliche Lehre zu Grunde, daß „freier Handel und Wandel" als Grundsatz und Regel dem „erzwungenen oder bevormundeten Handel und Wandel" vorzuziehen seien. Die Freihandelsschule pflegt sich daher im Zweifel und als Regel für die Freiheit im Arbeiten, im Verkehr, in der Niederlassung, in der Eheschließung, im Miethen, im Leihen und anderen Dingen zu entscheiden. Sie ist aber weit entfernt, Ausnahmen der Freiheit zu leugnen oder die wirthschaftlichen Interessen als im Staatsleben allein berechtigt oder auch nur als vorzugsweise berechtigt hinzustellen. Sie ist weit entfernt „den Staat für entbehrlich zu halten" oder ihn auf den Nachtwächterdienst zu reduciren. Sie erwartet von der freien Konkurrenz keine absolut vollkommene, sondern nur relativ bessere Verhältnisse als von der Beschränkung der Konkurrenz; sie verlangt, daß ihre Gegner die Nothwendigkeit von Ausnahmen oder Abweichungen von der Freiheit immer gehörig beweisen und charakterisiert sich dadurch, daß sie wenig von der Bevormundung des Staates, aber nur so mehr von der freiwillig schaffenden Einzel- oder Vereinsthätigkeit sich selbst helfender Menschen erwartet.

Indem ich mich zur näheren Motivirung dieser Ansichten über die Stellung der Freihandelsschule zum Staat auf einen früheren Abschnitt dieser Schrift über die Aufgabe des Staates in der Arbeiterfrage beziehe, will ich mich an dieser Stelle nur noch gegen den Vorwurf verwahren, daß die Freihandelsschule das ethische Moment im Wirthschaftsleben verleugne oder unterschätze und daß es die sozialistischen Secten seien, welche auf die Solidarität der gesellschaftlichen Gesammtheit zuerst hingewiesen.

Adam Smith war erst Professor der Moralphilosophie, ehe er sein Werk über die Quellen des Volkswohlstandes schrieb. Sein ganzes System beruht auf einer tiefen psychologischen und sittlichen Würdigung der menschlichen Arbeit und des Zusammenwirkens der Arbeitskräfte auf dem Boden der freien Konkurrenz — Es war der

Anblick der Noth und Knechtung des Arbeiters unter den gesetzlichen und staatlichen Banden, welcher ihn zum beredten Anwalt der Gewerbe- und Verkehrsfreiheit machte. So in jenen klassischen Worten: „Der einzige Schatz eines armen Mannes besteht in der Geschicklichkeit und Stärke seiner Hände und ihn verhindern, diese Stärke und diese Geschicklichkeit auf die ihm wohlgefälligste Weise ohne Beeinträchtigung irgend eines Menschen zu gebrauchen, heißt das heiligste Eigenthum desselben verletzen“.

An den Menschen und an die sittliche Kraft seiner Arbeit knüpfte Ad. Smith an. Er war es ja, der die bis dahin von dem Merkantilismus angebeteten Edelmetalle, welche eine straffe Staatsbevormundung ins Land hereinziehen wollte, von ihrem Throne herabstürzte und die Arbeit, diesen sittlichen Urgrund und Halt alles Staats- und Volkslebens, auch zur Quelle des Nationalreichthums erhob. Wo hat Ad. Smith den Reichthum als „Zweck des Lebens“ erklärt? Wo hat er geleugnet, daß er mehr sei, als lediglich „Mittel zur Erfüllung höherer Zwecke?“

Die freihändlerische Schule hat in ihren ältesten Meistern bis zu ihren modernsten Vertretern als Schule niemals die ethische Grundlage verleugnet. Einer ihrer glänzendsten Vertreter Bastiat hat sich durch seine mit den Körperkräften nicht Schritt haltende glühende Begeisterung für die freihändlerischen Ideen und ihre Verwirklichung in Frankreich zu Grunde gerichtet. Vergebens versuchte er, durch die Kraft seiner Schrift und Rede die französischen Arbeiter aus den Banden der sozialistischen Sekten zu befreien und sie durch Vertrauen auf die eigene Kraft und auf die freie Concurrenz, durch Bekämpfung einer Alles gouvernirenden Staatsgewalt zu beseelen. Die von Bastiat gelehrte „Harmonie der ökonomischen Interessen“ ist ein tief ernster Versuch, das Walten sittlicher Gesetze auch in der wirthschaftlichen Entwicklung der Völker nachzuweisen. —

Weiter hat Michel Chevalier, das gegenwärtige Haupt der freihändlerischen Theoretiker und Praktiker Frankreichs, und ein anerkannter Führer der europäischen Freihandelsthums, seit einem Menschenalter in Schriften, Reden und Handlungen die ethische Seite seiner Doktrin stets so stark betont, daß der bekannte Nationalökonom J. E. Horn, schon im Jahre 1856 in der Vorrede zu seiner Uebersetzung der Vorträge von Chevalier wörtlich schreibt: „Im scharfen Hervorheben und im gelungenen Nachweis dieser humanistischen Seite der vielfach als inhuman verschrieenen Nationalökonomie scheint uns die charakteristische Eigenthümlichkeit, der Hauptreiz und ein bedeutendes Werthelement der Vorträge von M. Chevalier, zu liegen.“

In der Uebersetzung einer der neuesten Schriften von M. Chevalier „Die Weltindustrie etc." macht Horn dem geehrten Meister sogar einen gelinden Vorwurf wegen der starken religiösen Beimischung, welche seine Nationalökonomie enthält.

Die englischen und französischen Lehrer und Vorbilder haben auch auf die wissenschaftliche Haltung und praktische Thätigkeit der deutschen Freihandelsschule bestimmend eingewirkt. Wer sich bemüht, die Verhandlungen des von der freihändlerischen Schule gegründeten volkswirthschaftlichen Congresses und die damit zusammenhängenden Berichte und Schriften wirklich zu lesen, wird sich überzeugen, daß man die neue Arbeit im Jahre 1858 damit begann, die abgelebten staatlichen Zwangsinstitute des Zunftwesens zu beseitigen, aber gleichzeitig die freiwilligen Genossenschaften an ihrer Stelle aufzubauen. Als die für die Volkswirthschaft wichtigste Seite der Associationen wurde dabei immer ihr Einfluß auf die moralische Hebung der Genossen, die in ihnen sich vollziehende Erziehung der arbeitenden Massen zur Selbstständigkeit, zur Selbstverwaltung, zu brüderlichem Zusammenhalten, zu genossenschaftlichem Ehrgefühl betont.

Zur Berichtigung derjenigen Gegner, welche seit einigen Monaten „die Betonung des ethischen Moments" als eine Erfindung oder doch als ein charakteristisches Kennzeichen ihrer „neuen Richtung in der sozialen Frage" bezeichnen, verweise ich auf alle Jahrgänge des freihändlerischen Bremer Handelsblattes, worin diese ethische Richtung seit etwa zwei Decennien regelmäßig ihren Ausdruck findet.

Meine näheren Freunde Lammers, Emminghaus, Rentzsch und hundert andere freihändlerische Gesinnungsgenossen haben meines Wissens sich niemals in anderem Sinne geäußert. Für mich selbst darf ich mich am Schlusse dieses Abschnittes auf einen längeren Artikel des Bremer Handelsblattes beziehen, worin ich schon vor mehr als 3 Jahren in der Nr. 184 vom 22. Januar 1870 meine Stellung zur sozialen Frage und in der freihändlerischen Partei mit folgenden Worten gezeichnet habe.

„Zwischen den Absolutisten des formellen Rechts oder der abstrakten äußern Gerechtigkeit auf der einen Seite und den Absolutisten des formellen staatlichen Zwanges auf der andern Seite steht eine volkswirthschaftliche Schule in der Mitte, welche auch das ethische Moment im Wirthschaftsleben betont, den Gemeinsinn als den gleichmächtigsten Faktor dem Selbstinteresse zur Seite stellt, und den innern Zwange der Pflicht die Aufgabe zuerkennt, die Härten des sozialen Daseins auszugleichen und eine Harmonie der Interessen, soweit dieselbe hienieden erreichbar ist, herbeizuführen.

Diese Schule nimmt den Menschen zum Ausgangspunkt ihrer wissenschaftlichen Betrachtung, und zwar den ganzen Menschen, der allerdings in erster Linie Bedürfnissen unterworfen ist und durch das persönliche Interesse zur Befriedigung dieser Bedürfnisse angetrieben wird, der aber gleichzeitig als ein geistiges, freies, verantwortliches und vervollkommnungsfähiges Wesen gewürdigt werden will. Wir gelangen erst durch eine allseitige Würdigung dieser verschiedenen, dem Menschen innewohnenden Eigenschaften und Triebe zum besseren Verständnis seines Verhaltens und seiner Beziehungen zu der ihn umgebenden Außenwelt, aus denen sich das Wirtschaftsleben entwickelt.

Während die Absolutisten des staatlichen Zwanges dem sozialistischen Staat direkt zustreben, erkennt die volkswirtschaftliche Schule, welche das ethische Moment im Leben ebenso betont wie ihr Lehrer Adam Smith, der vormalige Professor der Moralphilosophie, in der freien Konkurrenz die wirksamste Förderin des Volkswohlstandes, und vertraut gleichzeitig, daß der innere Zwang der menschlichen Pflicht und das Walten des Gemeinsinns die unvermeidlichen Härten des starren formellen Rechts mehr und mehr ausgleichen und uns einer Lösung der sogenannten sozialen Frage nähern werde. Niemand wird leugnen können, daß wir uns, Dank der großartigen Gemeinnützigkeit unseres Jahrhunderts und mit Hilfe der Association und Koalition, aus unbefriedigenden wirtschaftlichen Zuständen immer siegreicher emporarbeiten. Die wirtschaftlichen Naturgesetze behalten ihre Bedeutung, ihre Kraft und ihren Segen für das Emporringen der Menschheit namentlich gegenüber den Ansprüchen der plumpen Gewalt eines sozialistischen Staats, welcher Freiheit und Wohlstand zusammen vernichten würde; aber man möge von der äußeren Gesetzlichkeit und von der Aufrechthaltung des formellen Rechts allein nicht diejenige Summe von Wohlfahrt erwarten, welche da erblühen wird, wo sich die Bevölkerung ihrer sozialen Pflichten bewußt ist und wo das individuelle und das öffentliche Gewissen über deren Erfüllung wacht. Die miteinander wirtschaftenden Menschen sollen sich als Mitarbeiter an einem gemeinsamen Werk, als Glieder eines Leibes betrachten, dessen Theile sehr verschiedene Geschäfte haben."

Die Stellung der englischen Freihandelsschule zur Arbeiterfrage.

Es bleibt uns noch übrig, zu untersuchen, ob es wahr ist, daß sich auch in der englischen Freihandelsschule ein Umschwung vollziehe ähnlich wie „auf den deutschen Kathedern". Man führt die englische Fabrikgesetzgebung als Beweis dafür an und Dr. Brentano bemerkt in seinem Aufsatze über „absolute und rechtliche Volkswirthe" u. a. „John Bright gestand seinen Irrthum (bezüglich der Fabrikgesetzgebung) öffentlich ein und Rossmäßig beanspruchte die Fabrikgesetzgebung und ihre Folgen als Neuerrungenschaft der ökonomischen Wissenschaft."

Es ist immer mißlich, sich in einer brennenden Tagesfrage auf „Autoritäten" zu berufen, da man den Volksverstand nicht durch Namen blenden, sondern durch die einfachsten allgemeinverständlichen Gründe und Thatsachen belehren soll.

Die Freihändler haben nach keinem ihrer Führer für unfehlbar erklärt und sich bei aller Anerkennung in dem Grundsätze der freien Konkurrenz und des freien Eigenthumsrechtes, doch ihre eigene Ansicht bezüglich etwaiger nothwendiger Ausnahmen und Abweichungen stets vorbehalten.

Wenn man jedoch den Stand der öffentlichen Meinung in England über die alte Schule von M. Smith und über die sog. neudeutsche Schule der Manchesterleute richtig darstellen will, so sollte man nicht außer Acht lassen, daß der hochverdiente englische National-ökonom William Newmarch, bekannt durch seine mit Tooke gemeinschaftlich geführten Untersuchungen über die Geschichte der Preise und durch seine Arbeiten über die Bilanzfragen, an der Social Science Association vor der Elite der gebildeten und gemeinnützigen Welt Englands, und zwar als derzeitiger Präsident der Abtheilung für Volkswirthschaft und Handel, auf der Jahresversammlung zu Leeds im Oktober 1871 das entschiedenste Bekenntniß für die freihändlerische Richtung abgelegt hat.[*]

---

[*] Die daselbst gehaltene Rede ist auch in die deutsche Sprache übersetzt worden unter dem Titel „Volkswirthschaftliche Verhältnisse in England." Ein vom Volksmanne William Newmarch zu Leeds gehaltener Vortrag, deutsch von John Hartwell, ... Berlin, ... Verlagsbuchhandlung. Der Übersetzer bemerkt in der Vorrede, „daß diese Rede

Der englische Geschichtsschreiber Thomas Buckle sagt in seiner Geschichte der Civilisation: „Die wichtigsten Gesetze sind die Abschaffungen früherer Gesetze gewesen und die besten Gesetze, die gegeben worden sind, waren die, welche alte Gesetze aufhoben. So war in dem Falle der Korngesetze auch Alles, was geschah, die alten Gesetze aufzuheben und den Handel seiner natürlichen Freiheit zu überlassen. Als diese große Reform vollendet war, wurde Alles gerade auf den Fuß gesetzt, als wenn die Gesetzgeber sich nie hineingemischt hätten. Die ganze Richtung und Absicht der neueren Gesetzgebung ist, die Dinge wieder in das natürliche Bett ihres Verlaufs zurückzuleiten, aus welchem die Unwissenheit früherer Gesetzgebung sie herausgerissen hat. Dies ist eine der großen Aufgaben unserer Zeit, und wenn die Gesetzgeber sie gut erfüllen, werden sie den Dank der Menschheit verdienen".

Was der englische Geschichtsschreiber an dem Schicksale der englischen Korngesetze nachweist, ließe sich auch vielfach durch die Aufhebung der alten Zunftgesetze, Niederlassungs-, Bürgerrechts-, Heiraths-, Wuchergesetze und anderer Verordnungen illustriren.

In ähnlicher Weise wird man mit der wachsenden Bildung und Gesittung und dem steigenden Wohlstande der unteren Klassen wohl auch die sog. Fabrikarbeitergesetze — wenigstens soweit sie die Erwachsenen betreffen — hoffentlich bald zu den überwundenen Standpunkten rechnen. Diese Gesetze sind als Nothgesetze, als zeitweilige Ausnahmen von der Regel der Gewerbe- und Vertragsfreiheit zu betrachten, welche durch außerordentliche Uebergangszustände des Industrielebens und durch die Nothwendigkeit eines Schutzes von Kindern und Unmündigen veranlaßt wurden und wegen der offenen Brutalität mancher hartherziger Arbeitgeber und gewissenloser Eltern gerechtfertigt waren und theilweise hier und da noch sind.

Allein man möge sich hüten, diejenigen polizeilichen Schutzmaßregeln, welche bei der gewaltigen raschen industriellen Entwicklung Englands nach und nach getroffen worden sind, nun als die Quintessenz englischer Staatsweisheit, als eine Umkehr von den Prinzipien der freien Konkurrenz u. s. w. anzusprechen und die blinde Nachahmung auf dem Kontinente zu empfehlen.

Eine Beobachtung der schweizerischen Industrie-Verhältnisse ergiebt z. B. daß die im Kanton Zürich angeordneten Fabrikuntersuchungen zwar auf dem Papier stehen, daß jedoch nur alle drei Jahre eine solche Untersuchung vorgeschrieben ist und daß die meisten

Fabriken in den letzten 6 Jahren überhaupt nur einmal beschäftigt worden sind und manche gar nicht. In derselben Zeit hat die ganz freiwillige Thätigkeit der Unternehmer viel mehr Verbesserungen geschaffen, als der Staat gewiß anzuordnen vermocht hätte.

Jedenfalls wird man den Arbeitern einen schlechten Dienst leisten, wenn man sie warnt, ihr Heil von staatlicher Intervention und Gesetzgebung zu erwarten. Viel besser ist es, ihr Selbstbewußtsein zu heben und sie darauf hinzuweisen, daß die Bildung und Solidarität des Arbeiterstandes, die Controle des Publikums und das eigene Interesse der Unternehmer viel wirksamere Mächte sind, um die gegenseitigen Beziehungen zwischen Arbeit und Kapital befriedigend zu gestalten. —

Die Entstehung und Entwicklung der deutschen freihändlerischen Schule und ihre praktische Stellung zur sozialen Frage.

Die alte deutsche freihändlerische Schule ist zuerst in der großen preußischen Reformperiode zu Anfang dieses Jahrhunderts in Deutschland praktisch entstanden, nachdem besonders Professor Kraus von Königsberg und der junge Lehrer Adam Smith auf deutschem Boden verpflanzt und wirkliche Staatsmänner, wie Stein, Hardenberg, Dohna, Schön, Altenstein, für die neuen Grundsätze vom Staats- und Wirthschaftsleben begeistert hatte. In den Behörden wurden die jungen Räthe, Referendarien, Assessoren überhaupt in ihrem Amte eifrig für wirthschaftliche Reformen und sehr bald hatten sich in den Köpfen aller Fabriker und vieler Gebildeten im Volk ganz andere Ideen über die Mittel zur Erreichung des Volkswohlstandes verbreitet. Diese neuen Ideen der britischen volkswirthschaftlichen Schule sind in der großen preußischen Gesetzgebungsperiode von 1807—1813 verwirklicht worden. Das preußische Volk erhielt die Freiheit der Arbeit und Verfügung über seine Arbeits- und Kapitalkräfte und über sein Grundeigenthum. Die künftige Stellung und Wohlfahrt eines deutschen Arbeiterstandes und eines jeden Gewerbestandes wurde dadurch vorbereitet. Preußen begann die Lösung der damals noch unbekannten „Arbeiterfrage" im Keime vorzubereiten und vermochte der Wissenschaft und ihren Prinzipien den ersten Ausgang und Vergünstigung zu entschlossenem Vorgehen.

Der preußische Staat bekannte sich noch in seinem Tarif von 1818 prinzipiell und offen zu den Grundsätzen des Freihandels, welche auch bei der Gründung des Zollvereins noch nicht aufgegeben waren, aber in den geheimen Conferenzen des Zollvereins erhielten noch und nach die schutzzöllnerischen Tendenzen die Oberhand und auch die preußische Gewerbegesetzgebung von 1840—1850 machte bedenkliche Rückschritte. Die wirthschaftlich freien Grundlagen des preußischen Staatsbaues konnten jedoch nicht so leicht erschüttert werden und die freihändlerische Richtung feierte durch den Abschluß des deutsch-französischen Handelsvertrages wieder einen glänzenden Sieg, der sie durch das Gelingen der deutschen Volkswirthe und durch die politischen Ereignisse in der wirthschaftlichen Gesetzgebung des norddeutschen Bundes und des deutschen Reiches nun hoffentlich für die ganze Zukunft der deutschen Nation unerschütterlich gesichert worden ist.

Unter den früheren wissenschaftlichen Vertretern der deutschen freihändlerischen Schule ist neben Kraus in Königsberg besonders Professor Rau in Heidelberg zu nennen, welcher länger als ein Menschenalter hindurch in allen großen vaterländischen Fragen zu der Sache des Freihandels stand und auch in den sechziger Jahren in hohem Alter die damals in Deutschland entstehende sozialistische Sekte auch öffentlich in der deutschen Presse mit bekämpfen half. Besonders erinnerlich ist uns noch ein trefflicher Aufsatz, welcher etwa im Jahre 1863 oder 1864 unter dem Titel: „Gegen Lassalle vom wissenschaftlichen Standpunkte" zuerst in der „Süddeutschen Zeitung", mit Rau's Namen unterzeichnet, erschien. Rau's Lehrbuch erlebte in Deutschland eine Auflage nach der andern, wurde fast in alle Sprachen übersetzt, und diente den meisten Staatsbeamten und Gebildeten als Leitfaden. Nicht dasselbe Glück hatten die staatswirthschaftlichen Untersuchungen von Hermann, dessen Verdienst wir weniger in der scharfen kritischen Beleuchtung einiger Partien der Theorie als in der praktisch volkswirthschaftlichen Richtung seines langjährigen preußischen Schaffens erblicken. Ähnliche Erfolge wie Rau's Lehrbuch hatte auch Roscher's System der Volkswirthschaft durch die von ihm neu in die Wissenschaft eingeführte historische oder physiologische Methode, welche sich grundsätzlich weder für noch gegen den Freihandel erklärt, sondern beide Richtungen mit dem reichhaltigsten historischen und literarischen Material versieht.

Roscher spricht sich selbst in §. 29 seines Systems hinsichtlich seiner öffentlichen Richtung offen dahin aus, „daß er denjenigen, welche sich seiner Führung anvertrauen, nicht etwa eine Masse Verhaltungsmaßregeln aufzwingen wolle, von deren Vortrefflichkeit er sie zuvor verwendet habe, sondern, daß sein höchster Wunsch dahin gehe, daß sie in Stand gesetzt werden, frei von jeder irdischen Autorität, aber nach gewissenhafter Abwägung aller Umstände sich selbst Verhaltungsmaßregeln für die Praxis zu schaffen."

In den 1830er und 1840er Jahren, als List's „nationales System der politischen Oekonomie" trotz Rau's wissenschaftlicher Widerlegung so vielen deutschen Gebildeten den ökonomischen Blick verwirrte, bildete sich nach und nach in den Seestädten eine freihändlerische Schule, welche gegen die schutzzöllnerische Entwicklung des Zollvereinstarifs protestirte, wofür die Hansestädte von Süddeutschland aus als „englische Faktoreien" denunzirt wurden. Aber die Freihändler faßten an der Elbe und Ostsee immer festeren Fuß und der Sieg der Freihandels-Idee in England spornte zu ähnlichen Bestrebungen in Deutschland an. Die Freihändler der Provinzen Pommern und Preußen faßten in Berlin Fuß und Prince Smith, der schon seit mehreren Jahren schriftstellerisch thätig gewesen war, gründete 1847 den Berliner Freihandels-Verein, welchem Julius Faucher, Otto Michaelis, Otto Wolff, Max Wirth u. A. angehörten. Das Jahr 1848 drängte die politische Bewegung in den Vordergrund und die Berliner Freihändler fanden erst 10 Jahre später im volkswirthschaftlichen Congreß ein fruchtbares Feld zur Durchführung ihrer Ideen. — Nach dem Scheitern der nationalen Bestrebungen für eine politische Verfassung warf sich das deutsche Volk in den nun beginnenden Reaktionsjahren mit der ihm bewahrt gebliebenen Kraft und Freudigkeit vorzugsweise auf die Verbesserung des Volkswohlstandes und begann an der socialen Frage eifrig zu arbeiten. Das Freihandelsprogramm, welches bis dahin nur der Agitation für Zollreform nach dem Muster der Manchestermänner zugewandt war, wurde vielseitiger aufgefaßt und auch auf das des Freihandels noch viel bedürftigere deutsche Handwerk angewandt. Schulze-Delitzsch hatte seine ersten Associationen gegründet und veröffentlichte 1850 seine „Mittheilungen über gewerbliche und Arbeiter-Associationen," denen 1853 sein „Associationsbuch für deutsche Handwerker und Arbeiter" folgte. Diese Bestrebungen fanden Beachtung, aber diejenigen, welche solche freie Genossenschaften gründen wollten, fanden an vielen Orten im Zunftzwang einen Hemmschuh des Aufschwungs im deutschen Handwerker- und Arbeiterstande. Man begann daher, dem Kampfe für Handelsfreiheit einen Kampf für Gewerbefreiheit und für Associationen zur Seite zu stellen. Der erstere Kampf wurde in den fünfziger Jahren namentlich von dem [illegible]

Hamburger Verein für Handelsfreiheit fortgesetzt. In Bremen erwuchsen den norddeutschen Freihändlern neue und entschiedene Bundesgenossen durch [illegible] Uebernahme des Bremer Handelsblattes im Jahre 1854. Das Bremer Handelsblatt wurde durch [illegible] zu einem wissenschaftlichen Organ der freihändlerischen Schule und ist diesem Beruf seitdem consequent treu geblieben; es zählt noch jetzt vorwiegend Volkswirthe von Fach zu seinen Mitarbeitern und entfaltet auch trotz des Erscheinens ähnlicher Fachjournale der freihändlerischen Richtung noch eine solche Thätigkeit. Es ist ein Glück, daß Deutschland immer viele Mittelpunkte der wissenschaftlichen und praktisch politischen Thätigkeit behalten und niemals allein von Berlin aus die geistigen Impulse empfangen wird.

Die freihändlerische Schule Deutschlands faßte in der Mitte der fünfziger Jahre auch in Süddeutschland festen Fuß. Unter der Aegide von Rau und Roscher und vieler anderer deutscher Volkswirthe wurde im Jahre 1856 in Heidelberg eine volkswirthschaftliche Wochenschrift gegründet, welche vom 1. Januar 1856 an unter dem Titel „Germania, Centralblatt für die volkswirthschaftlichen und gesellschaftlichen Interessen Deutschlands" erschien und von Roscher, Rau, Knies, [illegible], Pickford und anderen Nationalökonomen, mit Aufsätzen versehen und von dem Verfasser dieser Schrift redigirt wurde. Das ursprünglich etwas unentschiedene Programm jener Wochenschrift, welche auch viele erklärte Schutzzöllner als ihre Mitarbeiter aufzählte, wich sehr bald einer entschieden freihändlerischen Richtung, welche sich insbesondere auch die Beseitigung des Zunftwesens zum Ziel setzte. Die Agitation dafür wurde durch [illegible] freihändlerisches Vorgehen und durch den Ende 1855 erschienenen freisinnigen Entwurf eines österreichischen Gewerbegesetzes mächtig gefördert. Die Germania ist später unter Leitung von Dr Pickford in eine Monatsschrift umgewandelt worden, und bildete eine Vorläuferin der „Berliner Vierteljahrsschrift für Volkswirthschaft und Kulturgeschichte". Die deutsche Presse wurde nach und nach immer freihändlerischer. Das verbreitetste deutsche Blatt, „die Kölnische Zeitung" war schon lange durch Leitung von Brüggemann, des scharfen Kritikers der List'schen Lehre, der freihändlerischen Richtung gesichert. Die Presse der Hansestädte und der Ostseeplätze und auch die Mehrzahl der Berliner Blätter huldigte derselben Richtung. Auf diese Weise wurde der Weg und das Entstehen des volkswirthschaftlichen Congresses vorbereitet.

Am 28. Mai 1857 veröffentlichte das Bremer Handelsblatt

den Aufruf zu einem Congresse deutscher Volkswirthe, welcher fast von allen Hauptorganen der deutschen Presse zum Theil wörtlich aufgenommen und warm empfohlen wurde. Der Versuch, den Congreß deutscher Land- und Forstwirthe, der Anfang September 1857 in Coburg tagte, für diesen Plan zu gewinnen, machte Fiasko. Um so günstiger sprachen sich alle auf dem internationalen Wohlthätigkeits-congresse in Frankfurt anwesenden deutschen Nationalökonomen für die Idee aus. Sie veröffentlichten am 16. Septbr. 1857 einen Aufruf zur Bildung von volkswirthschaftlichen Vereinen und ernannten einen Ausschuß, dessen Geschäftsführung nach Bremen verlegt wurde. Ein Jahr später trat der erste volkswirthschaftliche Congreß in Gotha zusammen. Der allbekannte Volksmann und Arbeiterfreund Dr. Lette wurde die Seele des Congresses und langjähriger Präsident der ständigen Deputation. Die Berliner Freihändler, welche an der Berufung und Vorbereitung des Congresses unbetheiligt gewesen waren, warfen jedoch schon auf dem ersten Congresse und noch mehr auf den folgenden das Gewicht ihrer festen Grundsätze in die Wagschale der Entscheidungen und bildeten bald um sich einen festen Kern, weil sie sich nicht nur an den Verhandlungen, sondern auch an den Berichten und Arbeiten vor und nach den Congressen lebhaft betheiligten, und weil zwei ihrer Mitglieder nicht deutschen Ursprungs, Prince Smith und Faucher der volkswirthschaftlichen Bewegung auch die so nothwendige kosmopolitische Richtung zu wahren und sie vor Einseitigkeiten zu schützen wußten. Neben der alten Berliner Freihandelsschule und oft genug im Widerspruch mit ihr haben sich aber auch andere Parteien auf dem Congresse geltend gemacht.

Im Allgemeinen haben die regelmäßigen Congreßmitglieder bis zum Jahre 1866 eine ziemlich geschlossene freihändlerische Phalanx gebildet, um die Arbeiter von dem Druck des Zunftwesens, der Niederlassungs-, Concessions- und Ehebeschränkungen und überhaupt von der Staatsbevormundung zu befreien und die deutsche Volkswirthschaft auf freihändlerischen Grundlagen neu aufzubauen. Sie haben dadurch die Lösung der socialen Frage am wirksamsten vorbereitet. Seit 1866 sind nach erfolgter politischer Verwirklichung des Hauptprogramms manche früher schlummernde Gegensätze im Schooße des Congresses sichtbarer hervorgetreten. Die parlamentarischen Mitglieder neigen sich Compromissen und dem sog. praktischen Opportunismus zu, während andere mehr die wissenschaftliche und agitatorische Natur des Congresses betonen und den politischen und gesetzgebenden Körperschaften über die großen Ziele des wirthschaftlichen Fortschrittes verhandeln und durch Sammlung von Material, durch Arbeiten, Berichte und Debatten Propaganda für Ideen machen wollen. Weiter ist in anderen Fragen, namentlich rücksichtlich der Prämienanleihen, der Gegensatz einer mehr utilitarischen und mehr moralischen Richtung hervorgetreten. Endlich traten auf dem letzten Lübecker Congresse in der Arbeiterfrage bezüglich der Schiedsgerichte und Gewerkvereine drei verschiedene Ansichten sich gegenüber. Während Faucher den Standpunkt absoluter Enthaltsamkeit einnahm und sich weder von Gewerkvereinen noch von Einigungsämtern etwas versprach, vertheidigte Oppenheim die Schiedsgerichte und Einigungsämter, war jedoch gegen die Verpflanzung der Gewerkvereine auf deutschen Boden, während der Verfasser dieser Schrift auch die Gewerkvereine als Organe, die unter Umständen dem socialen Frieden dienen und die Arbeiterinteressen fördern können, gegen Faucher und Oppenheim in Schutz nahm. Der Congreß selbst sprach sich mit großer Mehrheit für die Förderung von Schiedsgerichten und Einigungsämtern aus.

Aus allen diesen Thatsachen erhellt zur Genüge, daß die deutsche Freihandelsschule den Meinungsverschiedenheiten in ihrer Mitte einen breiten Raum gewährt und, weit entfernt sich für unfehlbar zu halten, gerade durch öffentliche Diskussionen sich gegenseitig zu belehren und in frischem Contact mit dem Leben und allen Klassen des Volkes zu erhalten sucht. Dagegen fühlen sich die Freihändler ziemlich einig darin, daß sie die freie Concurrenz und den Schutz des Eigenthumsrechts als Grundsatz und Leitstern festhalten, daß sie von dem Zwange und der Bevormundung des Staates wenig halten und gegen die sozialistischen Secten entschieden Front machen.

Im Gegensatze zu dieser allgemeinen Richtung der freihändlerischen Schule neigt sich nun eine Gruppe von deutschen Dozenten dahin, den sozialistischen Secten eine größere Bedeutung beizulegen, und dem Staate in der Arbeiterfrage mehr Aufgaben zuzutheilen, als dies bisher der Fall war.

Wir sind der Ansicht, daß es hohe Zeit für die deutschen Nationalökonomen ist, sich derjenigen Punkte bewußt zu werden, über welche sie einig sind oder durchaus werden müssen.

In der sozialistischen Bewegung unserer Tage, in welcher viele Führer der Arbeiter geradezu den sittlichen Instinkt der Massen und die angeborene Scheu vor dem gemeinen Verbrechen des Raubes und Diebstahls zu corrumpiren suchen und den Haß der Armen gegen die Wohlhabenden als ein neues Evangelium predigen, muß auch die Wissenschaft ihren Streit über nebensächliche Punkte der Theorie vertagen und für die Grundlagen alles wirthschaftlichen Schaffens und Zusammenwirkens entschieden eintreten, indem sie der Schule und der Presse die Mittel zur Volksbelehrung bietet. Davon soll der nächste Abschnitt handeln.

c. Die Aufgabe der Schule und Presse in der Arbeiterfrage.

Während die sociale Frage in Aller Munde ist, während man die Bedeutung der wirthschaftlichen Interessen allseitig anerkennt, ja sogar den Reichthum oft überschätzt und zu einseitig anbetet, ist leider die Wissenschaft vom Reichthum und von den wirthschaftlichen Dingen der großen Masse des Volkes noch ganz fremd.

Man würde in der Welt nicht so viel Verkehrtes hören und erleben, wenn in jedem Kopfe die Kenntniß von den wirthschaftlichen Grundbedingungen der Production, der Vertheilung und der Consumtion der Güter und die Einsicht in das Wesen der Arbeit und des Capitals, des Geldes und Credits und anderer alltäglicher Erscheinungen etwas verbreiteter wäre. Der Umlauf des Geldes, das täglich durch unsere Hände gleitet, liegt uns jedenfalls noch näher als der Umlauf der Gestirne. Die Entstehung der Reichthümer, die Ursachen der Verkehrsstockungen und Handelskrisen berühren uns weit unmittelbarer als die Entstehung der Pflanzen und die Ursachen der Sonnenfinsternisse und Gewitter, auf die wir keinen Einfluß haben, während die Menschheit sich gegen den Mißbrauch des Geldes und Credits, gegen das Produciren ohne Absatz, gegen schlechte Geschäftsführung, gegen unsparsames Haushalten und Verschwenden recht gut selbst schützen kann.

Roscher bemerkt sehr treffend: „Wenn die Volkswirthschaftslehre vormals nur als Bereicherungsmittel, dann erst im Allgemeinen als Regierungsmittel gewürdigt wurde, so ist man heutzutage wohl darüber einig, daß die gedeihliche Entwicklung unserer ganzen Kultur durch die richtige Begründung und allgemeine Verbreitung nationalökonomischer Wahrheit bedingt wird."

Derselbe Nationalökonom erklärt das Wunder, daß England inmitten des allgemeinen politischen Erdbebens von 1848 trotz der dort vorhandenen socialen Zündstoffe so völlig unerschüttert und ruhig geblieben sei, hauptsächlich daher, daß sich in England 4000 Schulen befanden, wo die Anfangsgründe der Nationalökonomie gelehrt werden. Es geschieht das seit etwa 40 Jahren namentlich in den sog mechanic institutions, d. i. in den Schulen, wo erwachsene männliche und weibliche Arbeiter alle für den naturwissenschaftlichen, theoretischen und künstlerischen Unterricht erforderlichen Hülfsmittel zur Verfügung gestellt erhalten. Der Engländer William Ellis, Director einer der angesehensten Brandversicherungs-Compagnien, gab dazu den Anstoß und wirkte gleichzeitig nicht nur als Lehrer, sondern auch als bedeutender populärer Schriftsteller, um den Kindern der Londoner Arbeiter von der politischen Oekonomie alles dasjenige, was für dieselben praktisch und unmittelbar nützlich ist, mitzutheilen und die Grundbegriffe dieser Wissenschaft auch den weniger entwickelten Geisteskräften zugänglich und verständlich zu machen.

Mag immerhin die englische Schulbildung hinter derjenigen des Continents weit zurückstehen, so sind die Engländer ohne Zweifel in Betreff der wirthschaftlichen Bildung und im Volkswohlstand den übrigen Nationen weit vorausgeschritten. Die englischen Arbeitslöhne sind in vielen Industriezweigen fast doppelt so hoch wie diejenigen des Continents. In keinem Lande finden sich so viele Männer wie in England, die sich aus den untersten Schichten, oft aus gänzlicher Verwahrlosung von der einfachen Tagearbeit zu tüchtiger technischer Leitung und zu ehrenwerther sozialer Stellung emporgeschwungen haben. Bei so wenig Schulunterricht ist doch die Leistung des englischen Arbeiters, einzeln genommen, quantitativ sehr groß und steht auch qualitativ an Sorgfalt, Genauigkeit und Solidität den Leistungen schulmäßig unterrichteter Arbeiter anderer Nationen gleich. Die angeborene Energie, der stetige Fleiß und ein praktischer wirthschaftlicher Sinn ersetzen dort viele Mängel der Bildung. Aus den englischen Arbeiterkreisen gingen die ersten Pioniere des freien Genossenschaftswesens hervor. Das Sparkassen- und Versicherungswesen entwickelte sich dort am frühesten in umfassender Weise und nirgends ist die Lebensversicherung auch in den mittleren und unteren Ständen so verbreitet, wie in England. Die Arbeitseinstellungen sind dort auf dem Boden der Freiheit ohne Dazwischenkunft der Behörden friedlich ausgekämpft worden und diese gefährliche Waffe hat gegenwärtig immer mehr der Einführung von Schiedsgerichten Platz gemacht. Die Arbeiter haben sich durch ihre weitverzweigten Gewerkvereine Mittel der Selbsthülfe für Zeiten der Arbeitslosigkeit, der Krankheit, der Unglücksfälle, des Alters und der Noth geschaffen und Institute der Arbeitsvermittlung zwischen den verschiedenen Plätzen gegründet. Die Arbeitszeit der *Erwachsenen* ist auf dem Wege freiwilliger Vereinbarungen zwischen Arbeitgeber und Arbeitnehmer in England viel eher herabgesetzt werden als auf dem Kontinente. Die furchtbarste aller industriellen Erschütterungen, die durch den amerikanischen Krieg entstandene Baumwollenkrisis, ist ohne jede Dazwischenkunft des Staates durch die großartigste Opferwilligkeit aller Klassen des Volkes verhältnißmäßig leicht und glücklich überwunden worden und hat zu einer friedlichen Annäherung der verschiedenen Gesellschaftsklassen wesentlich beigetragen. Trotz des nirgends so auffallenden Unterschiedes der Vermögensverhältnisse haben die Anfeindungen des Kapitals, der Maschinen, des Eigenthums und überhaupt die kommunistischen und sozialistischen Hirngespinnste doch in den englischen Arbeiterkreisen viel weniger Boden gefunden als unter den französischen und deutschen Arbeitern. Man leidet in England in Folge der größeren Ausdehnung der Industrie natürlich empfindlicher unter merkantilen Verkehrsstockungen und unter der Unsicherheit der politischen Weltlage, allein die Sicherheit des Eigenthums, der Produktion und des geschäftlichen Verkehrs und das stetige Fortschreiten des allgemeinen Wohlstandes ist in England weniger durch soziale Erschütterungen bedroht, als in andern Staaten.

Bei einer Vergleichung der Bildungszustände Englands mit denen des Continents ist nichts so auffallend wie die Vernachlässigung der wirthschaftlichen Bildung in der kontinentalen Jugend- und Volkserziehung. Man häuft in den Schulplänen immer neue Unterrichtsstoffe an ohne Rücksicht auf das Wissen vom Arbeits- und Verkehrsleben und vom gemeinen Nutzen, und ohne zu bedenken, daß die überwiegende Mehrzahl der Schüler für's Leben und den Arbeitsberuf ausgebildet werden soll und daher vor Allem Geschmack und Lust zur Arbeit, Geduld, Zusammenhalten der Güter, Ordnung, Pünktlichkeit lernen muß, worin die Grundbedingung aller bürgerlichen Selbstständigkeit und Sittlichkeit liegt.

Der englische Nationalökonom William Newmarch, hat in der von uns bereits erwähnten, im Oktober 1871 vor der Social Science Association in Leeds gehaltenen Rede „das jetzt überall in England wachsende Bestreben, den Unterricht in den Grundlehren der Staatswirthschaft in den Volksschulen einzuführen" als eines der wichtigsten und folgenschwersten Ereignisse bezeichnet. Newmarch berichtet u. A.:

„Das im Jahre 1870 von der Social Science Association ernannte Comité zur Untersuchung über Kapital und Arbeit überreichte im Anfang des Jahres 1871 dem Unterrichtsminister, Lord Ripon, folgende Denkschrift über diesen Gegenstand:

1) Die Unterzeichneten hegen die feste Ueberzeugung, daß der aus einem untergeordneten Glauben an die Feindschaft zwischen den Interessen der Arbeiter und der Arbeitgeber, der Pächter und der Grundbesitzer entstandene Kampf zwischen Kapital und Arbeit — hätte gemildert — wenn nicht gar verhindert werden können, wenn die Bevölkerung des Landes von Jugend auf, ehe sie Geld durch solche Bahren beeinflußt wird, die Grundwahrheiten der Volkswirthschaft gelernt hätte.

Dieser Glauben veranlaßte zu den Zweckliegenden Versuche, die Arbeitslaufläge, die Dauer der Arbeit, die Güterarbeit und die Zahl der Feiertage, und in der Landwirthschaft die Höhe der Miethe und die Macht der Pächter durch dergleichen Beschränkungen zu bestimmen; in seinen weiteren Folgen führet er zu Arbeitseinstellungen (strikes), Fabrikschließungen (lockouts), böswilligen Beschädigungen der Werkzeuge (rattenings) und Ausübung persönlicher Gewalt, zu zu Nachtheilen.

Aus diesen und anderen Gründen empfehlen sie gehorsamst, daß einige fernere Schritte geschehen mögen, um beßern Unterrichtsgang in allen von dem Staate unterstützten Schulen auszuführen.

2) Man hat in zweifelloser Weise bewiesen, daß es möglich ist, die National-Oekonomie selbst für sehr junge Schüler interessant und anziehend zu machen.

3) Die Unterzeichneten empfehlen gehorsamst, daß die Staatswirthschaft zu einem Gegenstande der amtlichen Lehrerprüfungen, sowie auch der Prüfungen in den unterstützten Schulen gemacht werde, und sind der Meinung, daß, wie man die Schwierigkeiten der ersten Einführung dieses Unterrichtszweiges überwunden hat, es zweckmäßig sein dürfte, vorzüglich einen tüchtigen Schulinspector zu dem besonderen Zwecke der Einführung des neuen Lehrzweiges anzustellen."

Dieser Denkschrift wird der Antwort zu Theil, daß die Volks- und Staatswirthschaft schon zu den behandelten Gegenständen der amtlichen Lehrer- und Schülerprüfungen gehört: und Mr. Brodie, einer der Königlichen Schulinspectoren, schon übernommen habe, den Unterricht in dieser Wissenschaft in einige der größten der unter seiner Aufsicht stehenden Volksschulen auszuführen.

Die in der Denkschrift erwähnten Schulen, in welchen man mit so großem Erfolge die Volkswirtschaft gelehrt hat, sind die von Mr. William Ellis begründeten.

Hier haben wir einen verheißungsvollen Anfang. — Man ehrt mit Recht den Namen des Mr. William Ellis, der seit dreißig Jahren in den von ihm selbst mit kindlicher Freundigkeit und mit großen Opfern an Zeit und Mühe begründeten Birkbeck-Schulen, mit Hülfe von Mr. Shields in großem Maßstab bewiesen hat, auf welche schmerzlos-gemütliche und doch eingehende Art man den Grundlehren der Volkswirtschaft den Kindern der Armen mitteilen kann. — In Glasgow haben Mr. Mc. Clellan und seine Freunde trotz Widerspruch und Verkleinerung ähnliche Resultate erzielt.

Im Hause der Gemeinen ist am 21. Juli 1871 ein Antrag des Sir John Lubbock im Sinne der erwähnten Denkschrift sowohl von den Abgeordneten wie von der Regierung günstig aufgenommen worden; und wie immer uns Glück wünschen, daß der Anfang so gut ist, daß nur äußerste Nachlässigkeit unsererseits den Erfolg herunterziehen kann.

Keine Behauptung kann sich mehr der Erfahrung und dem gesunden Menschenverstande empfehlen, als die, daß wir gerade Denjenigen, deren Glück von dem klügsten und vorteilhaftesten Gebrauch ihres einzigen Besitzes, der Arbeitskraft, abhängt, so früh als möglich, ehe der Geist durch Vorurteile, Leidenschaften oder schlechte Gewohnheiten getrübt wird, eine genaue Kenntnis der Ursachen, welche Kapital, Gewinn und Arbeitslohn beherrschen, geben müssen

Mögen wir sie etwas anderes lehren oder nicht, in dieser Wissenschaft müssen wir sie richtig unterrichten, sonst werden sie gewiß falsche Begriffe darüber von anderer Seite bekommen.

Aber nicht allein in den Volksschulen, sondern auch in den höheren Schulen wird dieser Wissenschaft jetzt Aufmerksamkeit zugewendet."

In der Schweiz hat man schon in den Jahren 1869 und 1870 ähnliche Schritte wie in England getan. Die gemeinnützige Gesellschaft des Bezirks Zürich beschäftigte sich in mehreren Kommissions- und öffentlichen Sitzungen mit der Frage, wie der Volkswirtschafts-lehre eine weitere Verbreitung im Volk zu verschaffen sei und überreichte der kantonalen Regierung eine darauf bezügliche Denkschrift,*) welche zunächst die Einführung eines systematischen volkswirthschaftlichen Unterrichts an den Realschulen und gewerblichen Fachschulen und am Lehrerseminar befürwortete. Demgemäß war auch in dem Entwurfe eines neuen Unterrichtsgesetzes, der vorläufig allerdings noch Entwurf geblieben ist, bestimmt worden, daß „die Wirthschaftslehre“ in der gewerblichen Berufsschule, dem sog. Technikum und „die Grundbegriffe der Wirthschaftslehre und Statistik“ in dem Realgymnasium gelehrt werden sollen. — Ueber die „Verbreitung der Volkswirthschaftslehre im Leben“ sprach sich die betr. Denkschrift folgendermaßen aus:

„Die Verbreitung der Volkswirthschaftslehre im Leben wird in erster Linie von der Erfüllung der den Schulen gestellten Aufgaben abhängen, denn die jetzt im Volke herrschenden Irrthümer können nur durch lebendige Kräfte und Zöglinge, mit den volkswirthschaftlichen Lehren vertraute Männer aus allen Klassen des Volks wirksam bekämpft werden. Ein solcher Stamm von Anhängern der Volkswirthschaftslehre, welche in Vereinen und in der Presse die zahlreichen, immer neu auftauchenden volkswirthschaftlichen Fragen behandeln und allen Volksschichten verständlich machen, muß erst heranwachsen, und es müssen namentlich aus den Kreisen der Handwerker und Arbeiter Männer erstehen, welche fähig sind, Associationen aller Art behufs der praktischen Lösung der socialen Fragen zu gründen und zu leiten.

Die Schule bildet indessen nicht das einzige Lehrmittel, und diejenigen, welche sie bereits verlassen haben, bedürfen natürlich der Fortbildung und fortdauernden Anregung. Außer der Schule bieten sich für die Privat- und Vereinsthätigkeit noch viele Hülfsmittel und Wege durch Wort und Schrift, um den volkswirthschaftlichen Ideen Eingang zu verschaffen. Wir erwähnen:

1) Die Veranstaltung öffentlicher unentgeltlicher Vorträge über die wichtigsten Fragen der Volkswirthschaft und die Aussendung volkswirthschaftlicher Wanderlehrer nach dem Beispiele Englands von der großen Freihandelsbewegung an bis heute.

---

*) Abgedruckt in der schweizerischen Zeitschrift für Gemeinnützigkeit, Jahrg. 1870, Heft I unter dem Titel: „Die Verbreitung der Volkswirthschaftslehre in Schule und Leben.“ Von Dr. V. Böhmert.

2) Die häufigere Besprechung volkswirthschaftlicher Fragen in gemeinnützigen Gesellschaften, in landwirthschaftlichen und gewerblichen Vereinen, in Gemeinde- und Arbeiter-Vereinen.

3) Die Ausschreibung von Preisen für populäre volkswirthschaftliche Erzählungen und Lehrbücher.

4) Die Einfügung passender volkswirthschaftlicher Aufsätze in die Lesebücher für die Jugend, in Zeitungen und Volkskalender.

5) Die Herausgabe eines kleinen regelmäßig erscheinenden volkswirthschaftlichen Kalenders.

6) Die regelmäßige Herausgabe einer lithographirten volkswirthschaftlichen Korrespondenz zur Versendung an die Hauptzeitungen und an die zahlreichen Lokalblätter."

d) Statistische Beweise zur Widerlegung des Vorurtheils, daß das Proletariat zunehme und der Mittelstand abnehme

Die Verbreitung der Volkswirthschaftslehre in der Schule und im Leben und die Theilnahme aller Bevölkerungsklassen an der werkthätigen Lösung der Arbeiterfrage kann u. E. auch dadurch wirksam gefördert werden, daß Wissenschaft und Leben einen Bund schließen, um die sozialen Streitfragen in öffentlichen Versammlungen sachlich zu erörtern und diejenigen Volksirrthümer, welche der moderne Sozialismus großgezogen hat, an der Hand der Statistik mit bestimmten Thatsachen und allgemein zugänglichen Beobachtungen aus der nähern oder weitern Umgebung zu widerlegen. Es gilt, mitten in dem Wirrwarr von ewig wiederholten Phrasen und Beschuldigungen vor Allem die statistisch sichern Thatsachen aufzusuchen und die in Zahlen ausdrückbaren Verhältnisse und Erscheinungen festzustellen, welche uns ein ungeschminktes Bild von den Licht- und Schattenseiten unserer sozialen Zustände geben und uns auf die praktischen Mittel und Wege zur Verbesserung hinweisen.

Es gehört zu den landläufigen Anklagen gegen den sog. Kapitalismus und Industrialismus unserer Tage, daß er das Proletariat vermehre und den Mittelstand mehr und mehr vernichte. Wenn wir aber nicht nach vereinzelten Erscheinungen und nach einzelnen Gegenden mit wenig lohnenden oder verunglückten oder

und ferneren Umkreise überall ein Hervortreten recht wohlhabender ländlicher Mittelstand herausgebildet, von dem man früher wenig kannte. Die Kunstgärtner und Gärtner und Gemüsebauern finden in dem ländlichen Wohlstande ganz neue Nahrungsquellen. Die Landwirthe erzielen durch ihre Milchwirthschaft, durch Bau von Handelsgewächsen, durch ihren Reb- und Obstbau viel höhere Erträge als früher und da wo der Name Landwirth und seine Angehörigen neben ihrem Stande auch noch in der Handelsbranche vorwiegen können, wie dieß z. B. im Kanton Zürich und in den meisten anderen Kantonen der Schweiz überall möglich ist und auch in Deutschland und anderwärts immer mehr erleichtert wird — da erwächst auch der ärmsten Familie die Gelegenheit, sich in wenigen Jahren durch Fleiß und Sparsamkeit in den Mittelstand emporzuarbeiten.

Die Statistik bietet eine Fülle von Material zur Beleuchtung dieses Entwicklungsganges. Ich nenne folgende Hauptquellen, welche die statistisch volkswirthschaftlichen Beweise für die Zunahme des Mittelstandes liefern:

1) Die Finanzstatistik, namentlich die Listen über die Anzahl der Vermögens- und Einkommenssteuerpflichtigen und über die von ihnen versteuerten Beträge.

2) Die Statistik der Zolleinnahmen und der Consumlisten über die in ein Land eingeführten Lebens- und Unterhaltsmittel, namentlich über gewisse Gegenstände des täglichen Verbrauchs, der allenfalls entbehrt werden können, und doch einen immer zunehmenden Bestandtheil der Volksbedürfnisse bilden, wie Zucker, Kaffee, Tabak, Wein, Bier, Thee u. s. w.

3) Die Statistik der Arbeitslöhne und der Vergleichung der Arbeitslöhne mit den Brod- und Fleischpreisen, mit der höhern Wohnungsmiethe und den Aufwand der Arbeiter für Logis und Bekleidung.

4) Die Wohnungsstatistik und Vergleichung der Zahl der Einwohner mit der Zahl der von ihnen früher und jetzt bewohnten Häuser und resp. Wohnräume und Zimmer in den Häusern.

5) Die Statistik der in einem Lande gegen Feuersgefahr versicherten Mobiliar- und Immobiliar-Werthe.

6) Die Statistik der Sparkassen, der Lebensversicherungsanstalten, der Kranken-, Unterstützungs-, Wittwen-, Waisen- und anderer Hülfskassen.

7) Die Statistik der Vorschußvereine, der Erwerbs- und Production-Genossenschaften und Vergleichung ihrer Mitgliederzahl, ihrer Einlagen und Umsätze mit früheren Jahren.

8) Die Statistik des Post- und Telegraphenwesens mit dem Nachweis der Zunahme der Bildung und ihres Verkehrs selbst in den früher ärmeren Gemeinden. Statistik des Eisenbahnverkehrs mit dem Nachweis der immer weiteren Verbreitung des Reisens und der Vergnügungsfahrten von Arbeitern.

9) Die Bevölkerungsstatistik, insbesondere die Statistik der mittleren Lebensdauer und der Sterblichkeit der Bevölkerung, namentlich der Kinder, sowie die Statistik der Heirathsfrequenz und der Progression der Erwachsenen, welche zur Ehe kommen und in welchem Alter.

10) Die Statistik des Schulbesuches der unteren, mittleren und höheren Schulen im Vergleich mit früheren Jahren und mit der Bevölkerungszunahme.

11) Die Berufsstatistik unter Vergleichung der sogenannten selbstständigen Berufsarten mit den unselbstständigen sowie der Vertheilung der Berufszweige über Stadt und Land.

12) Die Industriestatistik mit dem Nachweis der innerhalb der Großindustrie sich verbreitenden Förderung von Angestellten, Meistern und Arbeitern mit hohen, mittleren und anderen Gehalten und mit Angabe der zahlreichen, neu entstandenen Gewerbezweige, aus denen sich der moderne Mittelstand zu einem großen Theile rekrutirt, z. B. Kunstgewerbe, Unterhaltungsgewerbe, Druckereigewerbe, Luxusgewerbe rc.

Jeder aufmerksame Beobachter wirthschaftlicher Zustände wird aus seinem Heimathlande zahlreiche Thatsachen und statistische Belege beibringen können, um die Zunahme des Mittelstandes und die Abnahme des Proletariats zu Eigenvermögen als ein schönes Gesetz der modernen Kultur in politisch und wirthschaftlich freien Staaten darstellen zu können. In der That ist diese Zunahme des Mittelstandes in normalen Zeiten bei freien gesitteten Völkern der naturgemäße Zustand und die Regel, von der natürlich je nach lokalen und zeitweiligen Verschiedenheiten, je nach friedlichen oder kriegerischen Zuständen und je nach der Anlage und Ausbildung der Völker mancherlei Ausnahmen und Rückschlüsse und Abstufungen vorkommen.

In gewissen Zeiten und bei gewissen Völkern geht es rascher, in andern Ländern und Zeiten langsamer. Am schnellsten pflegt der Mittelstand da zuzunehmen, wo auch die großen Vermögen sich schnell vermehren; denn in allen reichen Ländern pflegt der Arbeitslohn zu steigen und dagegen der Zinsfuß zu sinken. Die unvermögenden Leute können deßhalb also nicht nur durch ihre Arbeitskraft mehr erwerben, sondern brauchen auch für die Benutzung von Arbeitshülfsmitteln, Rohstoffen und andern entlehnten Kapitalien weniger Vergütung zu zahlen.

Endlich werden auch große Reichthümer sehr rasch in viele Theile zersplittert, weil reiche Leute, wenigstens in den germanischen Ländern eine größere Kinderschaar zu haben pflegen, in welche das väterliche Erbe vertheilt wird und von denen es dann wieder auf zahlreiche Kindeskinder übergeht.

Alle diese Thatsachen sind Erscheinungen, welche die Vertheilung der Reichthümer beherrschen und eine Ausgleichung der Vermögensunterschiede sowie die Zunahme des Mittelstandes begünstigen.

Verschiedene neuere Schriften und statistische Werke geben Kunde von der raschen Zunahme und der immer weitern Verbreitung des Wohlstandes in England, Frankreich, Deutschland, Oesterreich, Holland, Belgien, Schweiz, Amerika ꝛc. Ich will mich für den Zweck dieser Schrift an das mir zunächst Liegende halten, an Verhältnisse, die ich durch jahrelange Beobachtung gründlicher als andere Statistiker und Volkswirthe kennen zu lernen Gelegenheit hatte.

Da zeigt nun zunächst der Kanton Zürich, in welchem ich seit 6 Jahren lebe, folgende Wohlstandsentwicklung und Vermögens-Vertheilung, auf welche letztere ich zum Verständniß der Arbeiterfrage und zur Widerlegung der sozialistischen Schlagworte das Hauptgewicht lege.

Nach den offiziellen Berichten des Zürcher Regierungsraths an den Großen Rath zur Staatsrechnung von 1867 betrug das steuerpflichtige Vermögen des Kantons Zürich im Jahre 1848: 296 Mill. Franken, im Jahre 1858: 380 Mill. Franken, 1863: 624 Mill. Fr., 1867: 560 Mill. Fr. (Die neueste Taxation vom Jahre 1870 ergab 627 Mill.) Die Zahl der Vermögenssteuerpflichtigen war 1848: 42,640, 1858: 43,283, 1863: 47,391 und 1867: 48,157. Am stärksten war die Zunahme der Vermögen von 2100—4000 Fr.,

Bei dem Ver- mögen von								in den Jahren: 1848; 1867.
2100— 5000	stieg die Zahl der Pflichtigen von 8203 auf 9591							
5100— 20,000	.	.	.	.	.	.	.	7866 . 9961
20,100— 50,000	.	.	.	.	.	.	.	1879 . 2715
50,100—100,000	.	.	.	.	.	.	.	680 . 956
100,100—250,000	.	.	.	.	.	.	.	292 . 565
250,100—500,000	.	.	.	.	.	.	.	61 . 167
500,100—900,000	.	.	.	.	.	.	.	19 . 67
1 Mill. und mehr	.	.	.	.	.	.	.	11 . 43

Während die Vermögen von 100—2000 Fr. sich fortwährend stehende blieben, haben gerade die Vermögen des Mittelstandes von 2000 bis 20,000 Fr. die beträchtlichsten Zunahmen erfahren.

Die Vermögenssteuerpflichtigen von 100—1000 Fr. Vermögen waren 1867: 34½ %, diejenigen von 1000—20,000 Fr. aber 56½ und diejenigen über 20,000 Fr. 9½ % aller Steuerpflichtigen in der Gesammtsumme von 44,157.

Das steuerpflichtige Einkommen des Kantons war 1858: 15,670,000 Fr., 1867: 27,456,800 Fr. Zuzüglich des auf 11,061,700 berechneten Einkommens der nach Handelsklassen besteuerten Kauf-Leute stellte sich das Gesammteinkommen von persönlicher Thätigkeit für 1867 auf 38,517,500 Fr. Rechnet man dazu noch den Zins des Vermögensmobiliarkapitals von 569 Mill. Fr. zu 4% = 22,760,000 Fr., so erhält man auf Grundlage der Taxation von 1867 eine gesammte Netto-Zehntsumme von 61,277,500 Fr.

Die Gesammtzahl der Steuerpflichtigen betrug für 1867: 68,622 Personen. Davon versteuerten a) 32,115 Vermögen und Ein-kommen b) 14,042 nur Vermögen und c) 16,465 nur Einkommen Unter a und b sind 2269 Geschäftshäuser, welche die sog. Handels-klassensteuer zu entrichten hatten, mit inbegriffen.

Auch bei der Einkommensteuer zeigt sich ein erfreulicher Fort-schritt in Betreff der gleichmässigen Vertheilung.

Die Zahl der Pflichtigen hatte sich von 1858—1867 von 30,866 auf 47,878 vermehrt. Während aber im Jahre 1858, 87½ % aller Einkommensteuerpflichtigen das niedrigste Einkommen bis 800 Fr. besassen, waren es 1867 nur noch 80½ %, dagegen war die Zahl der Einkommensteuerpflichtigen von 800—900 Fr. im Zeitraum von 1858—1867 gestiegen von 6½ auf 15½ %, diejenige der Einkommsklasse von 900—1000, von 3½ auf 5½ %.

Im Jahr 1858 versteuerten nur 2591 Bürger ein Einkommen von 800—900 Fr., dagegen 1867 schon 7488.

Im Jahr 1858 versteuerten nur 1079 ein Einkommen von 900—1000 Fr. und 1867 schon 3541.

Im Jahr 1858 versteuerten nur 689 ein Einkommen von 1100—1500 Fr. und 1867 schon 1717.

Im Jahr 1858 versteuerten nur 147 ein Einkommen von 2000—3000 Fr. und 1867 schon 642.

Alle Posten zeigen eine bedeutende Zunahme, welche gerade bei dem mittleren Einkommen besonders stark ist.

Andere Beweise sind die Gebäudeversicherung. Sie betrug im Kanton Zürich 1842: 210,5 Mill. Fr. und 1866: 367,5 Mill. Fr.

Am überraschendsten gestalten sich die Zunahme der Sparkassenanlagen, worüber Dolten Oppn in Neumünster alle zwei Jahre eingehende Berichte erstattet.

Darnach betrugen im Kanton Zürich.

in den Jahren	Spareinlagen	Zahl der Einlagen.
1838,	2,152,806	11,606.
1862,	4,372,369	43,007.
1869/70,	19,009,636	84,394.

In dem ganzen Zeitraum von 1838—1870 zeigen nur die unglücklichen Jahre 1864—1866 einen Rückgang.

Die Bevölkerung des Kantons Zürich betrug 1838: 231,576 Personen, 1850: 250,134, 1860: 266,265 und 1870, 284,867. Es ist mithin fast jeder dritte Kopf im Kanton Zürich ein Sparer und auf je 84,584 Einwohner kommt eine Sparanlage von 224 Franken.

Aehnliche Resultate liefert die Finanzstatistik meines früheren Wohnortes, des Freistaates Bremen, wo die Erwerbsverhältnisse ganz andere als im Kanton Zürich sind und doch die gleiche Zunahme des Mittelstandes nachweisen.

Während im Kanton Zürich die höheren Taxationen in den letzten Jahren mit als Grund angeführt werden kann, daß die Posten des Vermögens und Einkommens sich höher erhellt haben, so kann das von Bremen nicht gelten, weil dort die strenge und ganz unbestrittene Geldschätzung auf Dies und Glauben der Steuerzahler nach 1864 ist.

Man besitzt in Bremen genaue officielle Angaben der Erträge der Vermögenssteuer bis zum Jahre 1730 zurück *)

Daraus geht hervor, daß die Vermögenszunahme im vorigen Jahrhundert und selbst noch in den ersten Jahrzehnten unseres Jahrhunderts eine äußerst langsame war, wenn man sie mit der rapiden Steigerung in der zweiten Hälfte unseres Jahrhunderts vergleicht. Von 1730 bis 1800 stieg das versteuerte Vermögen Bremens nur von 10 bis 26 Mill. Thaler Gold, während sich die Zahl der Steuernden noch nicht verdoppelte und nur von 665 auf 1190 Personen stieg.

Vom Jahre 1800—1813 fand eine Abnahme des Vermögens statt von 27 auf 17 Mill. Thlr. Von 1815—1848 stieg das Vermögen von 20 auf 64 Mill. Dagegen von 1848—1868 von 64 auf 127 Mill. Thlr. Gold. In derselben Zeit von 1848—1863 vermehrte sich die Zahl derer, welche Vermögen über 1000 Thlr. versteuerten von 5773 auf 8850 und die Zahl derer, welche über 3000 Thlr. an Vermögen hatten von 3166 auf 4993, während die Bevölkerung von 1840—1863 nur stieg von 80,113 auf 101,984 Einwohner, — ein recht deutlicher Beweis, wie falsch die Behauptung ist, daß unsere hochgestiegene Kultur nur wenige Menschen auf Kosten Vieler reich gemacht habe.

Im Jahre 1813 kamen auf je 1000 Einwohner der Stadt Bremen nur 30, welche ein pflichtiges Vermögen von 3000 Thlr und mehr hatten, dagegen 1830 schon 42 und 1848 schon 50 und 1867. 57 Personen auf 1000 Einwohner.

Die durchschnittliche Größe eines Vermögens in der Steuerklasse von 3000 Thlr. und mehr war 1813: 14,189 Thlr, 1830. 16,743 Thlr., 1848: 20,547 Thlr. und 1868: 26,899 Thlr. Gold.

Die steuerpflichtigen Einkommen zeigen eine noch größere Zunahme. Während das gesammte Einkommen der Staatsangehörigen im Jahre 1848 nur 4,7 Mill. Thlr. betrug, war es 14 Jahre später im Jahre 1862 auf 12,0 Mill. Thlr. gestiegen, (und im Jahre 1868

---

*) Die nachstehenden Angaben sind entnommen dem „Jahrbuch für die amtliche Statistik des Bremischen Staates. Herausgegeben von dem Büreau für Bremische Statistik. III. Jahrg., 2. Heft zur allgemeinen Statistik des Jahres 1869".

allerdings auf 11 Mill. Thlr. herab, steigert sich dann aber wieder
bis zum Jahr 1868 auf 14,5 Mill., während es 1869 wieder auf
15 Mill. Thlr. herabsank.

Dieser Wechsel in den Einkommensbewegungen erklärt sich
aus den großen Unterschieden in den Erträgen des Großhandels
nach den einzelnen Jahren. Aber die Thatsache der Steigerung von
4,5 auf 15,5 Mill. in 30 Jahren ist überraschend genug und diese
Zahlen sind der genaue Ausdruck des wachsenden Gewinnes des Einkommens und Vermögens.

Im Jahre 1847 hatten unter 1000 Einwohnern in Stadt und
Land nur 64 ein Einkommen über 250 Thlr. Geld oder 1000 Fr.,
aber 1866 schon 104 Personen.

Die Klasse der Einkommen von 250 bis 399 Thlr. zählte
1847 nur 23 auf 1000 Einwohner und 1866 schon 41, die Klasse
der Einkommen von 400—499 Thlr. zählte 1847 nur 11 und 1866
16 auf 1000 Einwohner und die Klasse der Einkommen von 500
Thlr. und mehr zählte 1847 nur 30 und im Jahr 1866 schon 47
auf 1000 Einwohner, war also am allerstärksten gewachsen.

Es betrifft das die Einwohner in Stadt und Land und beweist wohl unzweideutig die stetige Zunahme des Mittelstandes.

Die Statistik des Bremischen Sparkassenvereins ergiebt:

Jahr.	Konten.	Betrag der Einlagen Thlr. Geld
1826	549	36,230
1836	7,565	727,871
1846	12,224	1,284,607
1856	25,546	3,797,944
1866	35,426	5,273,527
1870	40,670	7,107,081.

Die Bevölkerung Bremens betrug 1866: 94,909 und 1870
116,847 Einwohner.

In Bremen, als dem noch reicheren Staate ist auch die Zahl der
Sparer eine noch größere als im Kanton Zürich. — Der Betrag
des Sparbestandes beträgt in Bremen je 174 Thlr. Geld — 464 Fr.
gegen je 134 Fr. auf ein Sparbuch im Kanton Zürich. — Wieder
ergiebt sich daraus, daß je größer das Kapital oder die sog. Geld-
herrschaft in einem Staate, um so größere Beträge auch von der
Masse der Bevölkerung erspart werden können.

Die Statistik der Löhne, der Wohnungs- und anderer Verhältnisse ergiebt nicht minder überraschende Resultate zu Gunsten des Mittelstandes.

Jeder grössere Industrielle kann die Nachweise liefern, dass ein immer grösserer Procentsatz seiner Angestellten und Arbeiter in höhere Klassen der Vermögens- und Einkommen-Steuerpflichtigen übergeht. Nach einer von der Zürcher statistisch-volkswirthschaftlichen Gesellschaft veranlassten Untersuchung über die Löhne der Hürlimann'schen Spinnerei in Rapperswil von 1835 bis 1872 (siehe Zeitschrift für schweizer. Statistik, Jahrg. 1872) waren die Löhne in allen Arbeitsbranchen in folgender Weise gestiegen: die Löhne der Kinder von 34 Cts auf 1 Fr., der Weber von 48 Cts auf Fr. 1. 64. und die Löhne der Spinner von Fr. 1. 16. auf Fr. 3. 25. — Das Lohngeld für erwachsene Arbeiter (Kost und Logis für 14 Tage) ist in derselben Zeit von 1835—1872 von Fr. 6. 65. auf 14 Fr. gestiegen.

Ferner ist es durchaus natürlich, dass die Zahl der selbstständigen Berufsleute immer geringer wird. Nach einer überaus detaillirten Berufsstatistik des Kantons Zürich kommen in einem der industriellen Bezirke des Kantons Zürich, im Bezirk Horgen, 4459 selbstständig erwerbende Berufsleute auf 11,063 unselbstständig erwerbende Berufsleute.

Die Mittheilung weiterer statistischer Belege für die Zunahme des Mittelstandes nach den von mir aufgezählten zwölf Hauptquellen bleibt einer späteren Schrift vorbehalten. Ich schliesse diesen Abschnitt mit einigen Angaben über die Lage des Mittelstandes in dem reichsten Staate des Kontinents, in welchem nach sozialistischen Doktrinen die Vermögensunterschiede am schlimmsten und das Proletariat am grössten sein müsste.

Im Freistaat Hamburg mit 306,507 Einwohnern nach der Zählung von 1867 ist die Zahl der Einkommensteuerzahler, welche ein jährliches Einkommen von 200 Thaler und darüber wirklich versteuern, von 1866—1869 von 30,274 auf 33,130 gewachsen. Das steuerpflichtige Einkommen stieg in derselben Zeit von 43,392,440 Thlr. auf 49,225,200 Thlr.

Das Jahreseinkommen von 1869 vertheilt sich nun in folgender Weise:

Steuerklassen Thlr.	Steuerzahler Zahl	pCt.	Einkommen Thlr.	pCt.	Steuerbeträge Thlr.	pCt.
201— 400						
400— 800						
800— 1200						
1200— 2000						
2000— 4000						
4000— 10,000						
10,000— 20,000						
20,000— 40,000						
40,000—120,000 und darüber						
Summa		100		100		100

VII. Die Stellung und Aufgabe der Kirche in der Arbeiterfrage.

Wir stellen an die Spitze dieses Abschnittes folgende Sätze, welche vom schlichten Standpunkte aus ohne Rücksicht auf etwaige theologische Bedenken entworfen worden sind:

Die Arbeiterfrage, welche im Allgemeinen als eine Bildungs- und Gewissensfrage für die Arbeiter, für die Unternehmer und für das gesammte Publikum zu behandeln ist, sollte auch vom christlichen Standpunkte aus als eine allgemeine immer weltbürgerliche Angelegenheit aufgefasst werden, an deren Lösung alle Kirchen und Konfessionen gemeinschaftlich und friedlich mitzuwirken haben, indem sie die religiös-sittliche, geistige und materielle Hebung der Arbeiter und Arbeitgeber, die Durchdringung aller Betheiligten mit dem lebendigen Gefühle der Pflicht und Verantwortlichkeit, und die Erziehung des Volkes zur Selbstentsagung und Gemeinnützigkeit anstreben.

Die Bekenner des Christenthums haben die ganz besondere Verpflichtung, nach Christi praktischem Vorbild und in seinem Geiste auch an der wirthschaftlichen und sozialen Besserung, Bildung und Hebung aller Volksklassen unablässig mitzuarbeiten, den sozialen Frieden zwischen Arbeitern und Arbeitgebern auf alle mögliche Weise zu fördern und ihr eigenes Leben, ihre Talente und Reichthümer als anvertraute Güter zu betrachten, welche gewissermaßen der Rechtfertigung durch ihren Gebrauch bedürfen und nicht bloß der eigenen Verwilung, sondern auch dem Wohle der Mitmenschen dienen sollen.

Angesichts der Unterwühlung aller religiösen Grundlagen des Volkslebens durch den Kommunismus auf der einen Seite und durch die in beiden Kirchen vorherrschenden dogmatischen Rechthabereien auf der anderen Seite ist es sowohl vom kirchlichen als auch vom sozialen Standpunkte aus dringlich erforderlich, eine Wiedervereinigung der verschiedenen Konfessionen und Glaubensrichtungen zu einer wahren christlichen Volkskirche mit selbständigen Gemeinden als Ziel der kirchlichen und sozialen Bewegung unserer Tage ins Auge zu fassen.

Diese christliche Volkskirche sollte den durch menschliche Glaubenssatzungen und äußere kirchliche Formen getrennten, in Sekten zersplitterten, durch die Gleichgültigkeit der Gebildeten zerrissenen und so vielfach verweltlichten Konfessionen unserer Tage wieder ein einfaches volkstümliches Bekenntnis der jedem Laien verständlichen Grundwahrheiten und wesentlichen Punkte des Christentums gegenüberstellen.

Als Genossen dieser Volkskirche sollten Alle willkommen sein, welche Christum als Haupt und Vorbild der Gemeinde anerkennen, welche die Bibel als ein Zeugnis, aber nicht als ein Wundermittel des Glaubens und der Liebe heilig halten, und welche sich zu fortgesetzter ernstlicher innerer Belehrung und Erneuerung des Gemüths sowie zur gemeinsamen Erbauung, zur Uebung der Nächstenliebe und zur gemeinnützigen Mitarbeit am allgemeinen religiösen, geistigen und sozialen Fortschritt der Menschheit verpflichten!

Das gemeinsame Streben nach diesem kirchenpolitischen Ziele, wobei es den einzelnen christlichen Gemeinden freigestellt bleiben könnte, speziellere Glaubenssatzungen und Kultusformen für sich selbst zu bestimmen und auszubilden, würde den gestörten kirchlichen und sozialen Frieden wieder befestigen helfen und dem ganzen nationalen und internationalen Arbeits- und Berufsleben eine sittlichere und gemeinnützigere Basis geben können.

Die vorstehenden allgemeinen Sätze bedürfen einer näheren Erläuterung, welche wir im Nachstehenden versuchen wollen.

Kirche, Staat und Gesellschaft sind die drei in dieser Umgestaltung begriffenen lebendigen Mächte der Gegenwart, über deren Aufgaben und Stellung im Leben der Menschheit jetzt erläutert gestreiten wird, die aber doch einander bedürfen und auch an der Lösung des sozialen Problems mit einander gemeinsam arbeiten müssen.

Die kirchliche und soziale Frage stehen in den innigsten Beziehungen zu einander. Der Ultramontanismus und Sozialismus sind an vielen Orten schon ziemlich einig in ihrer Feindschaft gegen die sog. bourgeoisie d. i. gegen das gebildete und besitzende Bürgerthum.

Schon im Jahr 1864 erschien Kettelers Buch über „die Arbeiterfrage und das Christenthum," worin der Mainzer Bischof am Schluß auf S. 159—161 darauf hinauskommt, daß nur die katholische Kirche, wie er sie versteht, dem Arbeiterstande helfen könne. — Schon Lassalle pflegte aus seiner Hinneigung zu Ketteler gar kein Hehl zu machen. Auch offener erklären jetzt radikale sozialdemokratische Blätter, daß sie sich die geschlossene Organisation der katholischen Kirche auch für ihre Agitation zum Muster nehmen müßten. —

Das an manchen Orten bereits offen vollzogene Bündniß der „Schwarzen" und der „Rothen" ist eine Erscheinung, welche man nicht durch negatives und kritisches Verhalten gegen die Kirche, sondern nur durch positive Mitarbeit am religiösen und sozialen Fortschritt wirksam bekämpfen kann.

Es giebt eine dem Ultramontanismus feindliche willenskräftige Partei, welche in der Arbeiterfrage zwar nicht den katholischen, aber doch den speziell christlichen Standpunkt betont und auch von einer „Christianisirung" der Industrie spricht. Man hat diesen Standpunkt hier und da als das Charakteristische der sog. Bonner Bestrebungen bezeichnet. Wenn die schweizerischen Großindustriellen, welche sich den Grundsätzen der Bonner Konferenz in so großer Zahl angeschlossen haben und dafür im Ganzen eifriger Propaganda machen als die Mehrzahl ihrer deutschen Kollegen, haben sich ausdrücklich gegen jede kirchliche Tendenzpolitik verwahrt und davor gewarnt, die soziale Frage durch Betonung bestimmter religiöser Auffassungen noch mehr zu verwirren. Der kirchliche Standpunkt ist etwas viel zu Innerliches und Persönliches und ein viel zu streitiger Boden, um als Ausgangspunkt gelten zu können, während sich auf dem Boden allgemeiner humaner Gesinnung alle Parteien und Bekenntnisse vereinigen können, um die Quellen des Elends und der Verbitterung zu verstopfen.

Das große Unternehmen der materiellen geistigen und sittlichen Hebung der Arbeiterklassen läßt sich nicht von besonderen religiösen

Aufforderungen abhängig machen oder auf besondere Glaubensgenossen beschränken, weil dies Ueberhebungen, Ungleichheiten und Sonderheiten erwecken und manchen Arbeiter zu kirchlichem Dogmatismus oder zur Heuchelei verleiten könnte, während gleichzeitig alle jüdischen und hochchristlichen Arbeitgeber, welche sich zu einer bestimmten äußeren Kirche halten, der ganzen Sache entfremdet werden müßten.

Die Arbeiterfrage ist eine allgemeine humane weltbürgerliche Angelegenheit, welche durch Alles, was den Menschen äußerlich und innerlich emporhebt, gefördert werden kann. Nicht das Menschenwerk vergänglicher Dogmen, nicht dasjenige, was man von Zeit zu Zeit „Christenthum" zu nennen pflegt, nicht die äußere kirchliche Schale, sondern nur der innere Kern und die innere Kraft religiöser Ueberzeugungen und der ewige Wahrheitsgehalt aller Zeugnisse des göttlichen Geistes und christlichen Sinnes sind mitwirkende Faktoren, um uns die sozialen Mißstände leichter ertragen und lindern zu helfen. Wir erblicken daher auch in der Kirche kein Universalheilmittel, sondern nur den wirksamen, von den Gebildeten bisher viel zu sehr vernachlässigten Bundesgenossen zur Heilung sozialer und politischer Mißstände.

Obwohl Religion und Kirche sehr verschiedene Dinge sind und diese Religiosität sich bei dem Einzelnen wohl mit kirchlicher Unkirchlichkeit vertragen läßt, so bedarf doch jede Religion auch der kirchlichen Gemeinschaft und der gemeinsamen religiösen Erbauung ihrer Glieder nach gewissen Formen und Veranstaltungen einer äußeren Kirche.

Für die überwiegende Mehrzahl aller Bevölkerungsklassen ist die Kirche eine der Familie am nächsten stehende Bewahrerin und Freundin, mit welcher der Einzelne bei allen wichtigeren Lebensangelegenheiten, bei Taufen, Kinderlehre, Konfirmation, Verlobung, Trauung, Sterbefällen in fortdauernde Berührung kommt. In vielen kleinen Städten und in zahlreichen Landgemeinden sind der Pfarrer und Schullehrer die einzigen oder doch wichtigsten geistigen Potenzen, denen nicht bloß das Seelenheil sondern auch die geistige und wirthschaftliche Fortentwickelung der Gemeinde mit anvertraut ist und welche über alle möglichen häuslichen Angelegenheiten mit zu Rathe gezogen werden.

Es ist daher von höchster Bedeutung für die ganze künftige Stellung der Kirche im Organismus des Volkslebens, daß der Geistliche nicht bloß Interesse, sondern auch Verständniß besitze für die häuslichen und wirthschaftlichen Angelegenheiten seiner Gemeinde-

11

gewonnen, um sie über die Grundbedingungen ihres wirthschaftlichen Gedeihens mit Hülfe einer vernünftigen Productionen und weisen Consumtion aufklären und um überhaupt in Zukunft ein rationeller Armenpfleger und sozialer Arzt werden zu können, welcher nicht bloß die vorhandene Armuth abwehrt, sondern der Verarmung vorbeugt. Es ist daher jedem Theologen anzuempfehlen, auf der Universität einen Cursus über Volkswirthschaftslehre zu hören oder diese Wissenschaft, als die Doctrin vom allgemeinen Nutzen, später privatim zu studiren. Ein großer Theil der Geistlichen würde dadurch zu praktischen Volksleitern und lebendiger Religiosität erzogen und vor [illegible], vor theologischer Intoleranz und vor kirchlicher Beherrschung der Gewissen bewahrt werden.

Das Christenthum hat schon deshalb ein Recht, bei der sozialen Frage mit gehört zu werden, weil es von Anfang an die gesammte menschliche Gesellschaft auch in materieller und geistiger Hinsicht umgestalten und ihr „eine neue Erde unter einem neuen Himmel" bieten wollte. Dieser soziale Umschwung, den das Christenthum hervorgerufen hat und die Beziehungen der christlichen Lehren sowie der persönlichen Wirksamkeit Christi und seiner Apostel zur Lösung des sozialen Problems sind bisher noch lange nicht genugend gewürdigt. Ueberaus selten begegnet man Erörterungen, wie weit eigentlich die in der Bibel enthaltenen Aussprüche über Reichthum, Armuth, Sorgen für den nächsten Tag u. s. w. mit den wirthschaftlichen Anschauungen unserer Zeit stimmen. In weit verbreiteten Organen der deutschen Presse liest man Anklagen gegen die christliche Kirche: „daß sie die unbedingte Verdienstlichkeit der Armuth gepriesen, das Streben nach irdischen Gütern verworfen und das Almosengeben als ein Heilsmittel hingestellt habe, daß sie namentlich in früherer Zeit viel dazu beigetragen habe, den Gegensatz zwischen den begüterten und den besitzlosen Klassen zu verschärfen." Obwohl ich diese Anklagen für unbegründet halte und bereits in einem früheren Abschnitt dieser Schrift nachgewiesen habe, daß Christus in dem Gleichnisse von den anvertrauten Pfunden und in dem Ausspruch: „Wer da hat dem wird gegeben" zc. ein tiefes, wirthschaftliches, aber ganz antisozialistisches Gesetz aufgestellt hat, so bedarf es doch zu einer Aufklärung weitverbreiteter Irrthümer noch viel eingehenderer Untersuchungen von Theologen und Volkswirthen, um die allmähliche Fortentwickelung der christlichen Anschauungen über das soziale Problem darzustellen. — Wenn auch die Kirchenväter des Mittelalters und das kanonische Recht das Zinsenverwerfen als „ein Ernten ohne Säen" verboten, und wenn auch noch Luther gegen den Wucher eiferte, so hatte dafür Calvin, dessen Lehren auf die Entwicklung der Schweiz, Englands und Nordamerikas so großen Einfluß ausgeübt haben, vom Geld und dem *Nutzen* desselben und von der Rechtmäßigkeit des Zinses schon eine weit korrektere Ansicht, indem er in seinen Briefen z. B. schreibt: „Wer einem Darleihenden ein Kapital abverlangt, will sich dessen wahrscheinlich als Produktionsmittel bedienen. Der Zins entsteht daher nicht vom Geld selbst, sondern von dessen Verwendung, von dem *Nutzen* des mit Geld Gekauften."

In ähnlicher Weise wird eine auf die Wirthschaftswissenschaft gestützte Kritik noch viele andere theologische Auffassungen des sozialen Problems, welche man ganz unrichtig als „christliche" Grundsätze bezeichnet, hinwegräumen müssen.

Die Geistlichen werden zur Widerlegung der sozialistischen Irrthümer ihrer Umgebung in der Regel mit den einfachsten volkswirthschaftlichen Wahrheiten auskommen, die an sich so klar sind, daß man sich beinahe geniert, sie immer zu wiederholen.

Sie werden auf das Walten von *Weltgesetzen* in der volkswirthschaftlichen Entwicklung aufmerksam machen müssen, welche keine Staatsform und keine sozialistische Verfassung über den Haufen werfen kann, sie werden darauf hingewiesen haben, daß man die Produktion vermehren und die Leistungen vergrößern muß, damit die Menschen mehr verzehren und besser leben können, daß aber auch die vermehrte Güterproduktion das Loos der Arbeiter nur dann verbessern kann, wenn die Bevölkerungszahl ebenmäßig zunimmt und daß der Arbeiter, um seine Zukunft zu sichern, in jungen Jahren, wo er die Löhnung eines Familienvaters erhält, ein kleines Kapital sich ansammeln muß. Sobald der Handwerker oder Arbeiter *ohne* einen solchen Fond von Ersparnissen und Kenntnissen den wichtigsten Lebensschritt wagt, so wird er in allen Ländern und unter allen Verhältnissen voraussichtlich verurtheilt sein, von der Hand in den Mund zu leben. In allen Lebenssphären sind die Jugendjahre und die darin geübte Selbstbeherrschung und *Vorsorge* für die Zukunft auch entscheidend für die Zukunft selbst. — Gegen diese Natur der Dinge können alle sozialistischen Zauberformeln nichts ausrichten und die Geistlichen bedürfen nur der Anfangsgründe des wirthschaftlichen Denkens und Beobachtens und nur eines klaren Blickes auf die Thatsachen des Lebens und auf die an Menschen

Die Menschen bedürfen vor allem der Klarheit über ihre sittlichen und sozialen Aufgaben und der Erziehung zum selbstständigen Urtheilen, damit sie nicht blinde Werkzeuge in den Händen Derer werden, welche ihnen nach dem Munde zu reden wissen.

Die technische, naturwissenschaftliche und wirthschaftliche Ausbildung wird in der Regel auch die allgemeine geistige Erkenntniß befördern und dadurch indirekt auch zu höherer sittlicher und religiöser Tüchtigkeit beitragen. Hat der Mensch erst gelernt, seine eigene Arbeitskraft recht zu benutzen, zu wirken und zu schaffen, und die Kräfte der Natur mit in seinen Dienst zu ziehen, so wird er auch bald erkennen, daß er durch ehrliche Arbeit weiter kommt, als wenn er auf Kosten Anderer zu leben sucht. Je weiter er wirthschaftlich vorwärts schreitet, um so sicherer wird er von seiner Gereiztheit gegen das Kapital geheilt werden und den socialistischen Neid verlernen, welcher allen Reichthum für unrechtmäßiges Gut erklärt, während der Verschwender, welcher sein Vermögen rasch unter die Leute bringt, doch offenbar der Welt weniger nützt, als der Reiche, welcher seinen Genuß einschränkt, welcher fortfährt selbst zu erwerben und Kapital anzusammeln, um damit Arbeiter zu beschäftigen oder sein Geld Anderen zur Erleichterung ihrer Produktion zu leihen.

Der Geistliche sollte die Ordnung, Gesetzmäßigkeit und Harmonie, welche trotz aller Ungleichheiten und Schattenseiten doch auch aus dem menschlichen Arbeits- und Verkehrsleben hervorleuchtet, den großen Zusammenhang von wirthschaftlichen Ursachen und Wirkungen, die letzten Quellen der Armuth und Noth nicht bloß aus späterer Lebenserfahrung, sondern schon vorher wissenschaftlich zu erforschen suchen, um zugleich als ein wahrer sorgender Arzt und Berather auftreten zu können, und sich dadurch einen Weg für rationelle Seelsorge zu bahnen. Die Vertröstung auf das himmlische Brod wird nur wenig Eindruck auf Diejenigen machen, welche des irdischen Brodes völlig ermangeln. Wenn aber ein Geistlicher die Erwachsenen auch wirthschaftlich und geistig zu belehren sucht, wenn er in Sonntags- und Gewerbeschulen, in Bildungs- und Gewerbevereinen mit thätig ist, wenn er seine Gemeinde mit gutem Lesestoff und mit Volksbibliotheken versorgt, wenn er Kranken- und Unterstützungskassen mit gründen und verwalten hilft und sich an allen gemeinnützigen Bestrebungen mit Herz und That betheiligt, so wird er dem Beispiele seines Meisters folgen, der auch nicht bloß lehrte, sondern herumging und wohlthat, heilte, und thätig angriff, den

er „theologische Religionslosigkeit" nannte, förderte jedoch mit weitherzigem Sinn auch gern die gemeinnützigen Bestrebungen solcher Männer, die in Sachen des Glaubens auf anderem Standpunkte standen.

So fühlte sich Hugel mächtig angezogen durch die unermüdliche Begeisterung, womit der unabhängige Gustav Werner in Reutlingen seine ganze Lebenskraft an die Erfüllung der Aufgabe setzte, in Anstalten der verschiedensten Art der Armuth, der Hülflosigkeit, dem Alter, der verwahrlosten Jugend eine Stätte zu schaffen, wo die Arbeit und der Einfluß der Guten die auf Abwege Gerathenen bessern soll. — Hugel hat die Theilnahme für Werners Werke in der Schweiz überall zu wecken gesucht, und Werner selbst bezeugt, „daß Hugel's aufopfernde Thätigkeit wesentlich dazu beigetragen habe, den Fortbestand seiner Anstalten zu ermöglichen".

Die schweizerischen „Vereine für verwahrloste Kinder" stehen noch jetzt mit Werners Anstalten in enger Verbindung und bezeugen die guten Erfolge bei vielen Kindern. Die besten Erfahrungen pflegt man mit solchen Kindern zu machen, welche bei guten arbeitsamen Familien auf dem Lande untergebracht werden. — Die Bemühungen solcher „Vereine für verwahrloste Kinder" sowie der „Vereine für entlassene Sträflinge" gehören in unseren Augen zu den schwierigsten, aber edelsten Werken wahrer Nächstenliebe. Dieselben helfen einen guten Theil der sozialen Frage mit lösen. An der Spitze dieser Vereine stehen in der Schweiz ebenfalls meist Geistliche.

Die streng kirchlich gesinnte „Evangelische Gesellschaft" und die auf mehr neutralem Boden stehende „Hülfsgesellschaft" in Zürich haben eine ganze Reihe segensreicher Schöpfungen [illegible] ins Leben gerufen. In ihren Erziehungsanstalten, Suppenanstalten, Dienstbotenkrankenstuben und [illegible], Volksbibliotheken, Herbergen zur Heimath, Lesesälen &c. finden auch zahlreiche Arbeiter anderer Glaubensrichtung geistige Nahrung und wirthschaftliche Förderung.

Diese schöne gemeinnützige Thätigkeit von Geistlichen und Laien aller kirchlichen Richtungen fördert nicht nur die Toleranz, sondern bewahrt auch der Kirche ihre volksthümliche Stellung und schwächt die Gefahr der sozialistischen Wühlereien bedeutend ab. Man kann den Sozialismus nicht durch Gewalt und „starke Regierungen" bekämpfen, sondern muß die Lehre als solche durch Einwirkung auf den Geist und das Gemüth des Volkes wirklich überwinden. Dazu bedarf es aber der Mitwirkung der Kirche, welche, ganz abgesehen von der Befriedigung religiöser Empfindungen, die in der Mehrzahl der Menschen noch lebendig genug sind, außerdem überhaupt auch den Glauben an ideale Mächte des Lebens, an geistige und sittliche Genüsse, welche über das Erdenverdienen und materielle Genießen hinausgehen, in der Volksseele wach erhalten muß.

In der von mir schon mehrfach erwähnten schweizerischen Konferenz, die Arbeiterfrage betreffend, vom Oktober 1871 waren alle Anwesenden darin einverstanden, daß die soziale Frage mit der religiösen aufs engste zusammenhänge und daß man in allen Arbeiterfamilien, wo religiöser Sinn herrsche, weniger Unordnung und Unzufriedenheit bemerke. Einer der anwesenden katholischen Arbeitgeber, der seinerseits bekannte, daß er nicht auf dem römischen, sondern auf dem altkatholischen Standpunkt stehe und über den letzteren hinausgehend eine noch weitere Annäherung der Katholiken an den Protestantismus wünsche, theilte mit, daß die katholischen Fabrikgegenden schlimmer daran seien, sobald die religiöse Frage so streng und ungeordnet werde. „Die Arbeiterverhältnisse seien jetzt auf dem Lande wegen des daselbst vorherrschenden geordneten Familienlebens viel gesunder als in den Städten, wo Liederlichkeit und Korruption verbreitet seien und sich eine Masse ungehorsamer Elemente ansammle, die jedem Volksschmeichler ihr Ohr leihen. Man bemerke in vielen Dörfern der Schweiz, wo noch vor 20 Jahren die traurigste Armuth mit brutaler Rohheit vorherrschte, jetzt mit der weitern Verbreitung der Industrie höchst erfreuliche Wohlhabenheit, Reinlichkeit, Ordnungssinn und finde in der Regel die Zustände da am befriedigendsten, wo gute Geistliche und Lehrer, wohlwollende Fabrikanten und andere gebildete menschenfreundliche Bewohner sich der geistigen Fortbildung und sittlichen Hebung ihrer Gemeindegenossen angenommen haben, und wo einzelne tüchtige Arbeiter ihren Genossen mit gutem Beispiele vorangegangen sind.... Die auch für die Schweiz ansteckenden Verhältnisse Frankreichs würden sich leider schwerlich ändern, wenn man sich dort nicht dem atheistischen Joche entziehe und zu wahrer Volksbildung mit einer wahren Religiosität zu gelangen suche. Die Sache werde noch mehr herunterkommen, wenn auf dem Lande der Aberglaube, in den Städten der Unglaube, Frivolität und Lockerung des Familienlebens sich immer weiter verbreiten. Eine Hauptursache der sozialistischen Stimmung des französischen Arbeiterstandes liege auch in dem schlechten Beispiele der Fabrikanten, welche sich zu einem großen Theile kein Gewissen daraus machen, jährlich ungewöhnlich hohe Summen für sich und ihre gesellschaftlichen Liebhabereien zu brauchen und das Gift des Genußlebens im Volke zu verbreiten. Solche Chefs seien in der Schweiz glücklicher

Weise noch wenig verbreitet. Der schweizerische Fabrikant pflege sich selbst noch mit anzustrengen, sei genügsamer und lebe daher auch in ruhigeren und weniger angespannten Verhältnissen."

Man hielt in jener Konferenz die Arbeiterfrage für die Schweiz durchaus noch nicht bedenklich. Aber man verhehlte sich nicht, daß an vielen Orten Materialismus und Egoismus in ausgebildetster Form auch in die republikanischen Einrichtungen der Schweiz eingedrungen seien, daß die Ansprüche größer würden und es hohe Zeit werde, das Heil der Republik wieder in strenger Arbeitslust und Genügsamkeit, in Einfachheit und Reinheit der Sitten und in Eintracht aller Glieder zu suchen.

Das offene Bekenntniß schweizerischer Geschäftsmänner, „daß sie behufs der Besserung der sozialen Zustände *bei sich selbst anfangen und den Arbeitern ein besseres Beispiel geben müßten*", ist in allen großen kommerziellen und industriellen Mittelpunkten des deutschen Reiches nicht minder nothwendig, wie in der Schweiz. Nichts wäre gefährlicher für Deutschland als Selbstüberhebung über Frankreich und Unterschätzung der aus Glück und Genuß entspringenden Gefahren. Ein wohlbekannter und hochgeehrter Berliner Professor der Rechte äußerte im April d. J. in Heidelberg sehr richtig, daß ein freundliches Geschick dem deutschen Volke nach seinen Siegen und mitten im Gründungsschwindel und in der Jagd nach dem goldenen Kalbe die religiöse Bewegung in der katholischen und in der protestantischen Kirche geschickt habe, damit es nicht seine höheren Aufgaben vergesse, sondern zunächst die vom Papst und Oberkirchenrath proklamirte Unfehlbarkeit durch eigenes ernstes Ringen nach Glauben, durch kräftigeren Sinn und frischeres Gemeindeleben überwinde.

Der uns bevorstehende gewaltige innere Kampf gegen Herrschsucht der Kirchenfürsten auf der einen Seite und gegen die kommunistische Untergrabung alles religiösen Lebens auf der anderen Seite kann nur durch positive Mitarbeit aller gebildeten liberalen und konservativen Kreise am kirchlichen Leben, durch Selbstständigmachung der unteren Geistlichkeit und Betheiligung derselben an der Sozialreform und endlich durch Verzicht auf polizeiliche Mittel und *menschliche* Autorität in Glaubenssachen glücklich durchgeführt werden.

Man forscht gegenwärtig viel nach den Gründen, weshalb wir seit 300 Jahren trotz aller Bildung und aller Erfahrungen, ja sogar trotz der vor hundert Jahren von Papst Clemens XIV. ausgesprochenen völligen Aufhebung der Gesellschaft Jesu mit den Jesutien nicht fertig werden konnten, ja sie jetzt trotziger und mächtiger als je ihr Haupt erheben sehen. Der allgemeine Sündenbock „Staat“ und die Regierungen sind keineswegs allein daran Schuld. Die Schweiz steht trotz Republik und erweiterter Demokratie und trotz langjährigen Verbotes des Jesuitenordens eben jetzt den Ultramontanismus in üppigster Blüthe. Ein Hauptgrund dieser unsere Zeit beschämenden jesuitischen Uebermacht ist einerseits die Beherrschung der Schule durch die Kirche und andererseits die sowohl in der katholischen als auch in der protestantischen Kirche herrschende Gleichgültigkeit der Gebildeten gegen die kirchliche und religiöse Entwicklung. Seit 100 Jahren zehren die Kulturvölker von den gewaltigen Fortschritten des Menschengeistes auf allen Gebieten der Wissenschaft, Kunst und Technik. Mit dem in allen Volksschichten verbreiteten Wohlstande ist auch die Volksbildung etwas verbessert worden, allein es zeigt sich jetzt ziemlich allgemein, daß diese Volksbildung doch noch sehr oberflächlich geblieben ist und die Massen des Volkes noch sehr wenig zum selbstständigen Denken und Urtheilen erzogen hat, während doch das allgemeine Stimmrecht den Massen ein politisches Uebergewicht über die gebildete Minorität des Volkes verliehen hat. Einige schweizerische Demokraten haben sogar die ganze Gesetzgebung, die Bewilligung größerer Staatsausgaben, die Wahlen der Regierung und der Richter direkt den Massen übertragen. Die unmittelbare Volksherrschaft oder das sog. Referendum wird jetzt auch von den bayerischen Ultramontanen als Ersatz für den „absterbenden Parlamentarismus“ lebhaft empfohlen. — Die an die neuen Freiheiten und Rechte noch wenig gewöhnten Massen werden nun von den Ultramontanen auf der einen Seite und von den Sozialisten auf der andern Seite dermaßen leicht bearbeitet, daß schließlich aller politische Fortschritt, alle bürgerliche Ordnung und höhere Kultur gefährdet ist, wenn man nicht ganz energisch auch für eine bessere Schulbildung aller Volksklassen Sorge trägt. Der erweiterte Schulzwang und die jetzt neubegründeten staatlichen Fortbildungsschulen reichen allein nicht aus, es müssen vielmehr auch alle Gebildeten durch freiwillige Bildungsvereine für die Förderung geistiger und sittlicher Volksveredlung mit Sorge tragen.

Der Religionssinn hat trotz der politischen Erregung und materialistischen Strömung unserer Tage in Wirklichkeit wohl nicht abgenommen, denn an Werken der Nächstenliebe und Gemeinnützigkeit wird mehr geleistet als früher. Aber die Gebildeten haben sich seit dem großen Aufschwunge des Geisteslebens und der exakten Wissen-

im letzten deutsch-französischen Kriege. Noch vor einem Jahrzehnt ist das corrupte Bourbon'sche Regiment [illegible] nur durch den Hannover'schen [illegible], also durch eine [illegible] Bewegung, beseitigt worden. Auch die Schweiz dankt ihr neues bundesstaatliches Leben dem Kampfe gegen den Ultramontanismus. Französische Frivolität und Glaubenslosigkeit hat nur zerstört, aber nichts Gesundes dafür wieder aufgebaut. Dagegen hat religiöser Ernst noch in allen Zeiten die größten Thaten ausgeführt, und mit solchem religiösen Ernste muß auch das deutsche Reich an die Lösung der sozialen Frage gehen, damit die Welt vor einer neuen Auflage der Commune-Wirthschaft bewahrt werde!

Schlußwort.

Die Betrachtung der praktischen Mittel zur Lösung der Arbeiterfrage hat mich zu Resultaten geführt, welche von der auf vielen deutschen Universitäten jetzt beliebten volkswirthschaftlichen Richtung ziemlich weit abweichen.

Ein hochgestellter deutscher Fachgenosse, der mich in meinem prinzipiellen Widerspruch gegen diese Richtung ermuthigt, bemerkt doch gleichzeitig: „Helfen wird es kaum, denn wir sind auf dem Wege zum Sozialismus, zur möglichst weiten Kompetenz des Staates." — In der That sehen wir die Konservativen und die Sozialdemokraten gleichzeitig nach Staatshilfe rufen. Ein großer Theil der Katholiken erblickt ebenfalls im deutschen Reiche den Hort, um die kranke Zeit auch in sozialer Hinsicht von Reichswegen zu heilen. Bismarck soll zu seinen staats- und kirchen-politischen Aufgaben womöglich auch noch die Stelle eines Gesellschaftsretters und edlen Vermittlers zwischen Arbeit und Kapital übernehmen. Mitte Juni 1872 ist in Berlin eine internationale Konferenz von Diplomaten zusammengetreten, welche, wie die Zeitungen berichten, über die soziale Frage und insbesondere über Maßregeln gegen die „Internationale" berathen soll. Wir fürchten, daß internationale Verabredungen und Maßregeln zur direkten Lösung der sozialen Frage, welche nicht von den Unternehmern und Arbeitern selbst gefordert werden, sondern von den Regierungen ausgehen, die soziale Frage weit mehr *verwirren* als *entwirren* werden, während ein offizieller Feldzug gegen die Internationale wohl nur den im Zerfallen begriffenen Arbeiterbund vorübergehend stärken und den inneren Auflösungsprozeß verzögern würde.

Wäre dem Kommunismus mit Polizeimaßregeln beizukommen, so müßte er in Frankreich, wo seit 30 Jahren die strengste Aufsicht über geheime Gesellschaften geführt worden ist, ohnmächtig gewesen sein. Aber gerade das Kaiserreich mit seinem offiziellen centralisirenden Sozialismus, mit seiner Unterdrückung des Vereinswesens und der öffentlichen Kritik politischer und sozialer Grundinstitutionen hat der Kommunewirthschaft vorgearbeitet.

Die Gefahr des Sozialismus liegt in der Lehre selbst, welche innerlich überwunden werden muß, indem die Arbeiter einestheils durch Gründe und anderntheils durch eigene bittere Erfahrungen belehrt werden.

Wir wissen, daß man der Volkswirthschaft gern das Lehrgeld ersparen und den drohenden Krieg Aller gegen Alle von oben her abwenden möchte. Aber Niemand lernt laufen, ohne vorher oft zu straucheln und zu fallen. Es ist zu fürchten, daß man durch Zwangsmaßregeln gegen die Arbeiter oder Unternehmer den Kampf selbst nur noch mehr verbittert und daß man diejenige Heilkraft, welche in der Natur der menschlichen Verhältnisse und Bedürfnisse und in der freien Konkurrenz liegt, außer Wirksamkeit setzt.

Die Arbeiter sind allerdings gegenwärtig in den schlimmsten Händen und die stereotype Einstimmigkeit so vieler Arbeiterversammlungen beweist in erschreckender Weise den Mangel an eigenem Urtheil und an wirthschaftlicher Bildung in den unteren Klassen. Wir leben in einem gewaltigen Uebergange aus alten in neue Verhältnisse und mit den neuen Freiheiten und Rechten ist nicht auch ein neues und erhöhtes politisches und soziales Pflichtgefühl in die Massen eingezogen. Es rächt sich jetzt bitter, daß die Unternehmer sich im Allgemeinen früher viel zu wenig um ihre Arbeiter gekümmert haben, es rächt sich die bisherige Entfremdung der Wirthschaftswissenschaft vom Volke, es rächt sich der Formalismus und Dogmatismus der Kirche und die mangelhafte Erziehung zum praktischen Christenthum der Nächstenliebe, es rächt sich endlich, daß der Staat den unteren Klassen die Arbeitsfreiheit, Freizügigkeit, Verehelichungsfreiheit und verschiedene andere politische und wirthschaftliche Grundrechte so lange vorenthalten hat. Wir tragen Alle diese gemeinsame Schuld und wir werden vielleicht noch mehr darunter leiden müssen. Aber es ist mehr als einseitig und verhängnißvoll, wenn angesehene Organe der deutschen Presse nun plötzlich die freie Konkurrenz für die Uebel der Gegenwart verantwortlich machen, wenn sie das deutsche Reich anklagen, daß es „Theorien und Prinzipien zu Liebe

Gesetze gemacht habe," wenn sie behaupten, daß „das Fiasko der Lehre von der freien Konkurrenz jetzt in erschreckender Weise zu Tage trete und sich in der Wissenschaft jetzt eine *gesunde* Reaktion gegen jene einseitige Doktrin von den jeden Schaden heilenden Segnungen der freien Konkurrenz geltend mache." (Siehe Hamburgischer Korrespondent, Leitartikel in Nr. 137 vom 12 Juni 1873, — welcher jetzt förmlich das Organ der sog. „neuen Richtung in der sozialen Frage" zu sein scheint — eine eigenthümliche Erscheinung in Deutschlands erster Handelsstadt.)

Kein vernünftiger Freihändler hat bisher die freie Konkurrenz als alleinseligmachendes Heilmittel gegen soziale Noth, sondern höchstens als eine Vorbedingung der allgemeinen Volkswohlfahrt gepriesen. So viel ist gewiß, daß das bestehende Bürgerthum unserer Tage nur dann *mit gutem Gewissen* forterwerben kann, wenn es seinen Wohlstand keinen monopolistischen Erwerbs- und Steuer-Vorrechten verdankt, sondern auch den unteren Klassen die volle persönliche und wirthschaftliche Freiheit und gleiche Behandlung vor dem Gesetze mit erkämpft. Der moderne Staat aber kann nur dann, wenn er auf Gerechtigkeit gegen Alle begründet ist und sich auf seine ihm unbestrittenen und wichtigsten Funktionen möglichst beschränkt, auch um so strenger den ihm anvertrauten Schutz der Gesetze, des Eigenthums und der bürgerlichen Ordnung gegen Angriffe von außen oder innen, von oben oder unten wahren.

Die gegenwärtige Reaktion gegen die britische volkswirthschaftliche Schule ist in unseren Augen nur eine *Gelegenheits-* oder *Verlegenheits-Richtung*, welche der Freiheit mißtraut, weil sie keine idealen Zustände schaffen kann, und nun nach neuen Staatsaufgaben und nach einem neuen System ausschaut, das jedoch vorläufig noch ganz in der Luft schwebt. — Die Wirthschaftslehre ist eine kosmopolitische Wissenschaft, welche sich auf Erfahrungen des praktischen Lebens und auf Entwickelungsgesetze des Weltverkehrs stützt, denen der einzelne Mensch nicht willenlos gegenübersteht, sondern die er zur Förderung seiner eigenen Wohlfahrt benutzen kann, sobald der Staat, in welchem er lebt, das Walten dieser Gesetze nicht etwa prinzipiell entgegenzuarbeiten oder zu beschränken sucht. — Es giebt wohl verschiedene *Methoden* der wissenschaftlichen Behandlung der Wirthschaftslehre, es giebt Irrungen und Abweichungen nach rechts und links unter den Nationalökonomen, aber es giebt nicht zweierlei Wissenschaften vom Wirthschaftsleben, von denen etwa die eine der

Freiheit und die anderen dem Staate die Lösung der Uebelstände überträgt.

Nur die deutsche volkswirthschaftliche Schule, zu welcher sich auch die deutschen Freihändler bekennen, hat überhaupt ein wissenschaftliches System, hat wissenschaftliche Grundsätze, für deren Begründung und Fortentwicklung früher allerdings englische und französische Volkswirthe vorzugsweise thätig gewesen sind. Diese großen Lehrmeister der freihändlerischen Schule von Adam Smith bis auf Tooke, Newmarch und den hochwichtigen Wilson, von J. B. Say bis auf den praktischen Staatsmann Michel Chevalier sind durch ihre unmittelbaren Beobachtungen des Weltverkehrs, durch ihre Reisen und praktisch-politischen Stellungen und Beschäftigungen auch in ihren wissenschaftlichen Untersuchungen und Entdeckungen am meisten gefördert worden.

Die von diesen Lehrmeistern begründete Schule kann nicht umhin, den Menschen zu nehmen wie er ist und von der Annahme auszugehen, daß Jedermann im Verkehr sein wirthschaftliches Interesse zu fördern sucht. Aber der Selbsterhaltungstrieb oder die Selbstliebe wird damit nicht als das Höchste und im Leben allein Maßgebende gepriesen, sondern nur als eine Triebkraft anerkannt, ohne welche man sich die wirthschaftlichen Erscheinungen nicht erklären und die Wirthschaftsgesetze nicht ergründen kann. Das Walten des Gemeinsinns und anderer menschlicher Triebkräfte wird damit nicht geleugnet und ihr Werth für die wirthschaftliche Entwicklung nicht herabgesetzt. Es ist auch durchaus berechtigt und nothwendig, den Einfluß des Gemeinsinns und anderer Faktoren auf die menschlichen Entschließungen in Sachen der Werthproduktion und Güterverteilung ebenso zu erforschen und zu beleuchten, wie den Einfluß des Eigennutzes. Nicht minder nothwendig ist es, dem Staate überall zu geben, was dem Staate gebührt und die wirthschaftlichen Interessen den höheren politischen und sittlichen Erfordernissen des menschlichen Zusammenlebens unterzuordnen. Aber alle noch auszufüllenden Lücken im ökonomischen Denken berechtigen noch Niemanden, das ganze volkswirthschaftliche System der alten und neuen deutschen Schule für fehlerhaft zu halten, weil einzelne Anschauungen zu berichtigen, weil verschiedene weitere Untersuchungen einzufügen sind und weil das System selbst einer fortgesetzten Vervollständigung bedarf. Die Wirthschaftslehre ist kein abgeschlossenes Gebiet, sie wächst vielmehr mit dem Fortschreiten des Wissens und Könnens der Menschen, mit dem Entstehen neuer Bedürfnisse und Produkte, neuer Erfin-

...ungen und Berichtigungen auch immer mehr in die Tiefe und Breite. Aber sie bedarf nur jede Wissenschaft gewisser Grundsätze, welche man nicht mit leeren Reden und Drohspähren, sondern nur durch Systeme widerlegt, welche einen anspannenden Einfluß auf die öffentliche Meinung ausüben.

So viel zur nochmaligen Rechtfertigung meiner wissenschaftlichen Richtung.

Anlangend die praktische Seite der Arbeiterfrage, so ist den bestehenden Bürgerthum vor Allem ans Herz zu legen, sich nicht durch die jetzt eintretenden Strikes und mancher damit verbundenen Ausschreitungen der Arbeiter zu einer gereizten Stimmung gegen die ganze soziale Bewegung und zu dem Verlangen nach „Ruhe um jeden Preis" verleiten zu lassen. Man sollte im Gegentheil jetzt die Anstrengungen verdoppeln, die Arbeiter aus ihrer Isolirung zu befreien und sie in rege geistige Berührung mit allen übrigen Klassen der Bevölkerung zu bringen, um durch ein Eingehen auf ihre Ideen sie zu einem wirklichen gemeinsamen Gedankenaustausch zu veranlassen. — „Verstand ist stets der Menge nur gewesen". Aber schon wenige gute Arbeiter mit Verstand und Charakter können als ein Sauerteig sehr weite Kreise der Arbeiterwelt werden. Es gilt, an die guten Elemente im Arbeiterstand anzuknüpfen und in den Uebergangs-Erscheinungen einer mächtig erregten- und Alles umgestaltenden Periode der Völkergeschichte das Vertrauen auf die Zukunft und den Fortschritt nicht zu verlieren.

Ich schließe mit dem Wunsche, den Leser dieser Schrift davon überzeugt zu haben, daß wir mit unsern sozialen Brüdern, welche heute ja beängstigt, nicht nur einen Chaos sehen, sondern müssen wir der Lösung begriffen sind, daß wir bei fortgesetzter persönlicher Anstrengung dem Gesetze des Fortschritts, welches die Entwicklung der Menschheit beherrscht, getrost vertrauen dürfen und daß es trotz des Kampfes oder vielmehr gerade wegen des Kampfes um bessere soziale Zustände eine Freude ist, in dieser Zeit zu leben!